KB057237

독 일

GERMANY

배리 토말린 지음 · 박수철 옮김

세계의 **풍습과 문화**가 궁금한
이들을 위한 **필수 안내서**

세계 문화
여행

독 일

GERMANY

시그마북스
Sigma Books

세계 문화 여행 _ 독일

발행일 2021년 9월 1일 초판 1쇄 발행
지은이 배리 토말린
옮긴이 박수철
발행인 강학경
발행처 시그마북스
마케팅 정제용
에디터 최연정, 장민정, 최윤정
디자인 강경희, 김문배

등록번호 제10-965호
주소 서울특별시 영등포구 양평로 22길 21 선유도코오롱디지털타워 A402호
전자우편 sigmabooks@spress.co.kr
홈페이지 http://www.sigmabooks.co.kr
전화 (02) 2062-5288~9
팩시밀리 (02) 323-4197
ISBN 979-11-91307-61-0 (04900)
        978-89-8445-911-3 (세트)

CULTURE SMART! GERMANY

독일 전도

덴마크

킬

슐레스비히
홀슈타인

로스토크

브레머하펜

메클렌부르크
포어포메른

엠덴

함부르크

슈베린

브레멘

니더작센

브란덴부르크

폴란드

베를린

네덜란드

하노버

작센안할트

포츠담

노르트라인
베스트팔렌

마그데부르크

도르트문트

할레

라이프치히

작센

뒤셀도르프

카셀

바이마르

드레스덴

쾰른

에르푸르트

켐니츠

본

헤센

튀링겐

벨기에

비스바덴

라인란트팔츠

프랑크푸르트

체코공화국

마인츠

자를란트

뉘른베르크

룩셈부르크

자르브뤼켄

슈투트가르트

바이에른

바덴바덴

튀빙겐

바덴뷔르템베르크

뮌헨

프랑스

프라이부르크

오스트리아

스위스

리히텐슈타인

이탈리아

차 례

『세계 문화 여행』은 숙박시설, 구경거리, 교통수단을 둘러싼 기초적인 사실 이상을 원하는 독자들을 위한 시리즈이다. 이 시리즈는 여러분이 외국에서 만날 현지인들의 가치관과 사고방식, 그리고 마주칠 법한 상황에 관한 정보를 전달함으로써 알차고 보람된 외국 여행의 인간적 측면을 소개하고 있다. 현지인들의 행동양식과 가치관이 무엇인지, 그리고 어떤 행위가 현지인들의 선의와 환대를 이끌어낼 수 있는지 이해하는 데 보탬이 될 것이다.

독일은 겉보기와 달리 여러 측면에서 미국이나 영국과 무척 다르게 움직이는 강국이다. 이 차이점의 본질을 이해하면 독일인들과의 원만한 관계에 도움이 될 것이다.

며칠 이상 독일에 머물며 현지인들이 어떻게 살고 일하는지 알고 싶은 관광객이라면, 정보와 공감에 바탕을 둔 접근법이 특히 긴요할 것이다. 독일인의 핵심적 가치관과 사회적 사고방식, 그리고 비즈니스 현황을 상세하고 실용적으로 설명하는『세계 문화 여행_독일』에는 독일인의 생활방식에 대한 소중하고 간략한 정보가 담겨 있다. 이 책을 읽어보면 독일에서 어떤 대우를 받을지, 어떤 함정을 피해야 할지, 그리고 독일인들과 어떻게 관계를 맺고 신뢰를 형성할지 알 수 있을 것이다.

독일의 역사는 1000년이 넘지만, 독일이라는 국민국가의 역사는 비교적 짧다. 1997년에 영국의 주독일 대사로 일한 크리스토퍼 메이어는 2003년에 은퇴하면서 외무부 고별사를 통해 이렇게 말했다. "이곳은 복잡하고 다층적인 나라입니다. 저는 독일의 11개 주를 방문했지만, 수박 겉핥기에 머물렀을 뿐입니다. 독일에는 놀라운 다양성과 지역적 차이가 있습니다. 마치 복잡한 비례대표제에 더해 스코틀랜드가 16개 있는 것 같습니다. 가장 케케묵은 보수주의가 아주 급진적이고 무정부주의적인 경향과 어깨를 나란히 하고 있습니다."

특유의 아름다움과 국민들의 따뜻한 태도는 독일이 세계 곳곳의 방문객들에게 손짓하는 비결이다.『세계 문화 여행_독일』은 여러분이 모범적이고 이해심 있는 손님이 될 수 있는 방법을 알려줄 것이다. 독일인들은 확고한 사회적 책임감을 지니고 있다. 이 책에 담긴 여러 가지 지침은 독일인들이 안정적이고 조화로운 생활방식을 확립하기 위해 지키는 사회적 규범과 규칙을 미리 파악하는 데 도움이 될 것이다.

『세계 문화 여행_독일』은 여러분에게 문을 활짝 열어줄 것이다. 모쪼록 다양성과 창의성과 문화적 풍요로움을 갖춘, 유럽의 심장부에 자리 잡은 이 나라의 국민들과 좋은 관계를 맺을 수 있기를 바란다. 자, 이제 여행을 떠나보자!

공식 명칭	독일연방공화국	
수도	베를린	
주요 도시	함부르크, 뮌헨, 쾰른, 프랑크푸르트, 슈투트가르트, 드레스덴, 라이프치히	
면적	35만 7,022km²	
기후	온대기후	
통화	유로화	1999년에 유로화가 출범할 때까지는 마르크화
인구	8,320만 명 (2020년 독일연방 통계청 기준)	유럽연합 회원국 중 인구가 가장 많은 나라이자, 유럽에서 두 번째(러시아 다음)로 넓은 나라이다.
인구 구성	독일인 91.5%, 터키계 2.4%, 기타 6.1%	
가족 구성	평균 가구원수는 2.7명	가구당 평균 아동수는 1.7명
언어	독일어(공용어)	북부 지방에는 소르브어, 프리슬란트어, 덴마크어 같은 소수 언어가 쓰인다.
종교	개신교(루터파) 34%, 로마가톨릭교 34%, 이슬람교 5%, 무교 27%	종교단체에 소속된 교인들은 종교세를 내야 한다. 바이에른주와 바덴뷔르템베르크주에서는 소득의 8%, 나머지 주들에서는 9%를 종교세로 낸다.
정부	독일은 16개의 주로 구성된 연방공화국이다. 정부 소재지는 수도인 베를린이다. 국가원수와 정부 수반은 선출직이다. 의회는 양원제로 연방의회(연방하원)와 연방평의회(연방상원)가 있다. 독일은 비례대표제를 운영하고 4년 주기로 선거를 실시하는 민주국가이다. 주요 정당은 기독교민주연합과 사회민주당이다.	

현지 매체	공영 및 민영 라디오 방송국과 텔레비전 방송국이 있다. 방송국은 전국과 지역 모두에서 운영된다. 전국과 지역의 여러 신문과 잡지 중에서 〈프랑크푸르터알게마이네차이퉁〉, 〈빌트〉, 〈슈피겔〉이 국제적으로 가장 유명하다.	
영어 매체	〈프랑크푸르터알게마이네차이퉁〉은 국내와 국제 소식을 영어로 전하는 웹사이트를 운영하고 있다.	
전압(주파수)	230V, 50Hz	2구 플러그가 쓰인다. 미국산 기기는 어댑터가 필요하다.
텔레비전/비디오	PAL B 방식	NTSC DVD는 독일에서 작동하지 않을 수 있다.
인터넷 도메인	.de	
전화	국가 번호는 49번이다. 외국으로 전화를 걸 때는 00을 눌러야 한다.	민간 전화회사들은 특별 번호를 쓸 수 있다.
시간대	중앙유럽 표준시가 쓰인다. 협정 세계시와 그리니치 평균시보다 1시간이 빠르다.	미국 동부 표준시보다 6시간 빠르다.

01

영토와 국민

독일은 수천 년 동안 그 입지가 확고했다. 그러나 프로이센의 빌헬름 1세 시절 오토 폰 비스마르크에 의해 통일된 1871년에야 비로소 단일 정치적 실체가 되었다. 그렇다면 과연 독일인은 누구이고, 어디에서 왔으며, 오늘날은 어떤 모습일까? 맨 처음에는 독일인의 삶을 빚어낸 영토를 살펴보도록 하겠다.

독일연방공화국은 유럽 대륙 중심부에 자리 잡고 있다. 면적은 35만 7,022km²이고, 인구는 8,300만 명이다. 유럽연합의 맹주인 독일은 유럽에서 가장 큰 나라는 아니지만, 생활하거나 일하거나 구경하기에 좋은 아름답고 다채롭고 매력적인 곳이다. 독일의 학자, 과학자, 예술가, 음악가, 작가, 철학자, 정치가는 유럽 문화와 현대인의 사고방식 및 행동양식에 지대한 영향을 미쳤다.

독일은 수천 년 동안 그 입지가 확고했지만, 프로이센의 빌헬름 1세 시절 오토 폰 비스마르크에 의해 통일된 1871년에야 비로소 단일 정치적 실체가 되었다. 그렇다면 과연 독일인은 누구이고, 어디에서 왔으며, 오늘날은 어떤 모습을 하고 있을까? 우선 독일인의 삶을 빚어낸 영토를 살펴보자.

지리

독일은 중앙유럽의 중추에 있다. 북쪽으로는 북해, 덴마크, 발트해, 동쪽으로는 폴란드와 체코공화국, 남쪽으로는 오스트리아와 스위스, 서쪽으로는 프랑스, 룩셈부르크, 벨기에, 네덜란드 등과 국경을 맞대고 있다. 따라서 그동안 주변의 여러 세력권들로 인한 고질적인 안보 문제에 시달렸고, 역사적 사건을 통해 국경이 바뀌면서 독일어를 쓰는 주민들이 다른 나라의 영토 안에 편입되는 경우가 종종 있었다. 대표적인 사례가 바로 프랑스 알자스 지역과 스위스의 독일어권이다. 1871년에 통일을 이룩할 때까지 '독일'이라는 명칭은 성직자들과 제후들이 다스리는 소국 지역을 가리키는 지리적 용어였고, 그 역사의 상당 부분은 로마와 그 뒤를 잇는 신성로마제국 지배 아래 있었다.

독일은 지형이 무척 다양하다. 크게 북부의 저지 평원지대, 중부의 고지대, 남부의 산악지대라는 3개의 지리권으로 나뉜다. 북부 저지대에는 뤼네부르거하이데(독일의 가장 오래된 국립공원)라는 드넓은 황야와 몇 개의 하천 유역이 있다.

북해와 발트해 연안 해수면에는 모래언덕과 습지, 그리고 북프리슬란트 제도, 남프리슬란트 제도, 뤼겐섬, 북해의 헬리골란트섬을 비롯한 몇 개의 섬이 있다. 저지 평원지대의 동쪽 부분은 농업이 발달한 곡창지대다. 북부 지방의 하노버와 남부 지방의 마인강 사이에는 낮은 산맥과 계곡과 하천 유역을 갖춘 고지대가 펼쳐져 있다. 주요 산맥으로는 타우누스산맥, 슈페사

추크슈피체산 전망대는 독일에서 해발고도가 가장 높은 지점이다.

르트산맥, 그리고 동부 지방의 피흐텔산맥을 들 수 있다.

방문객들에게 가장 널리 알려진 곳은 슈바르츠발트('검은 숲'
이라는 뜻)를 아우르는 남서부의 산악지대일 것이다. 슈바르츠발
트는 이름난 음식인 슈바르츠발트 케이크(초콜릿, 크림, 키르시, 체리
케이크 등을 재료로 만든다)의 원산지이기도 하다. 그리고 멀리 남쪽
에는 독일 최고봉인 추크슈피체산(2,962m)을 거느린 바이에른
알프스가 뻗어 있다.

독일의 또 다른 중요한 지형적 특징은 강이다. 제일 중요한
강은 라인강이다. 라인강은 스위스에서 발원해 독일과 프랑스

의 국경을 따라 흐르다가 독일 땅을 가로지른 뒤 네덜란드를 거쳐 북해로 흘러나간다. 라인강은 중요한 수상 운송망인 동시에 독일에서 가장 아름다운 몇몇 풍경을 자랑하는 곳이다. 양쪽 강둑에는 웅장한 요새형 성채가 우뚝 솟아 있다. 라인강과 지류인 모젤강과 네카어강 주변의 언덕 경사면에는 포도밭이 늘어서 있다. 여기서 유명한 독일산 포도주인 호크와 리슬링의 원료인 포도가 자란다.

독일의 전통적인 산업 중심지인 루르강도 라인강의 지류다. 엘베강은 체코공화국에서 발원해 북서쪽으로 독일의 평원지대를 지나 북해를 흘러가고, 다뉴브강(독일어로는 도나우강)은 검은 숲 지대의 동쪽 경사면에서 발원해 동쪽으로 흘러 오스트리아로 이어진다. 오데르강과 나이세강은 독일의 동쪽과 폴란드의 서쪽 국경을 이룬다. 그 밖의 주요 하천으로는 마인강, 베저강, 슈프레강을 꼽을 수 있다.

북동부 평원지대에 대형 호수가 여럿 있지만, 남부 산악지대의 호수들이 더 인상적이다. 남부 산악지대에서 가장 이름 높은 호수는 콘스탄스호수(일명 보덴호)다.

농촌 지역의 약 30%가 자연 그대로의 삼림지대이다. 독일 국토 약 80%가 농경지이지만, 농가의 수는 점점 줄어들고 있

바이에른주 콘스탄스호수에 있는 린다우 항구

다. 오늘날 농업이 독일 경제에서 차지하는 비중은 2017년 기준으로 고작 0.63%이고, 농업인구는 전체 노동인구의 1.5%에 불과하다.

예나 지금이나 독일은 국경을 맞대고 있는 9개의 인접국들을 통한 상호작용과 유럽 전역의 상품을 북해와 발트해의 항구로 운반하는 수로를 통한 교류의 중심지다.

기후

독일의 기후는 온대 해양성이다. 북부 저지대는 비와 눈이 많이 내리는 남부 산악지대보다 조금 더 따뜻하다. 독일의 연평균 강수량은 600~700mm이다. 겨울 기온은 영하 6도(산악지대)에서 영상 1.5도(저지대), 여름 기온은 25도에서 35도(하천 유역) 사이를 오르내린다.

【 푄 현상 】

남부 지방에서 나타나는 알프스 기후 고유의 특징은 푄이다. 푄은 산의 경사면 아래로 내려가는 고온건조한 바람이다. 습한 공기가 산의 경사면을 따라 올라가면 그 공기의 온도가 낮아지고 습기가 줄어든다. 산을 넘어 경사면을 따라 내려가면 기압 상승으로 인해 온도가 올라간다. 짧은 시간에 기온이 10도까지 올라갈 수 있다. 푄 현상이 일어나면 날씨가 맑고 따뜻해지며, 아름다운 석양이 나타날 때가 많다. 푄 현상이 일어나는 곳에서는 갑작스러운 대기 변화에 유의해야 한다.

역사적 개관

나라마다 건국신화가 있기 마련이다. 영국의 경우는 켈트족과 아서 왕과 전설에 나오는 섬인 아발론을 둘러싼 이야기가 건국신화다. 미국의 경우는 건국의 아버지들에 관한 이야기다. 독일은 독일 땅에 살았던 민족들이 선택한 명칭이 아니었다. '게르마니아'는 여러 민족을 흠모한 로마 역사가 타키투스가 부여한 명칭이었다.

원래의 독일인들은 기원전 2300년경에 아시아와 북동부 유럽에서 서쪽과 남쪽으로 이동해 다뉴브강 주변 지역에 정착한 수렵채집인이었다. 이동 과정을 기준으로 볼 때, 그들은 크게 두 부류로 나눌 수 있다. 첫째는 켈트족이었다. 켈트족은 곡식을 재배하고 가축을 키웠으며, 지중해 사람들과 교역했다. 고고학적 발견에 따르면 켈트족은 최초로 구리와 주석의 채굴법을 개발하고, 청동으로 도구와 용기를 제작한 민족에 속한 것으로 추정할 수 있다. 켈트족 이후에 등장한 민족은 러시아 남부에서 기원해 독일 북부와 중부에 정착했는데, 그들이 독일어를 쓰는 민족의 진정한 조상이다. 그들은 철 사용법을 전래했고, 금속 연장과 무기를 개발했으며, 마침내 청동기시대 켈트 문화의 민족들을 흡수했다.

게르만 부족들은 로마제국의 북동부 경계를 따라 널리 진출했고, 로마의 가장 포악한 적수가 되었다. 독일의 건국신화는 체루스키 부족의 추장인 헤르만(라틴어 이름은 아르미니우스)이 서기 9년에 토이토부르크 숲 전투에서 로마 군단들을 상대로 거둔 유명한 승리를 둘러싼 이야기다. 오늘날까지 토이토부르크 숲은 독일인 기억 속에 신성한 곳으로 남아 있다.

영화 〈글래디에이터〉를 보면 마르쿠스 아우렐리우스(재위 161~180년) 치세의 로마군이 국경을 침입한 게르만 대군에 맞서 싸우는 전투 장면으로 시작한다. 로마제국의 세력이 약해지자 게르만 부족들이 진격해왔고, 결국 서기 410년에 수도인 로마를 약탈하기에 이르렀다.

【 카롤루스제국 】

진정한 독일의 역사는 프랑크족 왕 카롤루스 대제(샤를마뉴라는 이름으로 더 유명하다)의 정복사업으로 시작한다. 그는 단기간에 게르만 부족들을 통합하고, 이교도를 개종시키고, 유럽 대륙 전체에 질서를 확립하는 데 성공했다. 프랑크왕국의 수도인 노르트라인베스트팔렌 지방의 도시인 아헨은 학예 부흥의 중심지가 되었다. 카롤루스 대제는 프랑크어 사용을 장려하기도 했다.

기원후 약 1천 년 동안 유럽 여러 나라들의 국경은 유동적이었다. 처음에는 로마제국의 필요에 따라 결정되었다가, 나중에는 왕가의 결혼과 교회 권력에 영향을 받았다. 서로마제국이 멸망하자 로마 교회가 제국의 문화와 정통성을 계승하는 유일한 상속자가 되었다. 카롤루스 대제는 기독교세계

로마의 성베드로 대성전에 있는 카롤루스 대제 기마상

의 수호자로서 '로마 황제'라는 칭호를 되살렸고, 800년에 교황 레오 3세에 의해 로마에서 신성로마제국 황제로 대관되었다. 그가 출범시킨 로마 황제들의 새로운 계보는 1000년 넘게 지속되었지만, 황제들은 독일 국경 밖에서는 좀처럼 권력을 행사하지 못했다.

카롤루스가 세상을 떠난 뒤, 그가 창건한 제국은 분열하기 시작했다. 아들들에게 땅을 공평하게 나눠주는 독일 고유의 상속법을 분열의 한 가지 원인으로 꼽을 수 있다. 그렇지만 독일의 왕들은 연이어 서로마제국을 현실의 제국으로 탈바꿈

시키려고 애썼고, 그것은 역대 교황들이나 되살아난 이탈리아 도시 공화국들 쉽게 충돌하는 빌미가 되었다. 그 투쟁은 중세 정치사의 주요 요인으로 작용했다.

중세를 거치는 동안 독일 제후들은 원래 신성로마제국 황제가 하사한 봉토였던 그들의 토지에 대한 소유권을 강화했다. 제후령은 점차 독자성을 갖추게 되었고, 결국 전임 황제가 세상을 떠났을 때 여러 제후 중 한 사람을 신성로마제국 황제로 선출했다. 16세기에 황제의 지위는 세습되기 시작했고, 이를 오스트리아 합스부르크왕가가 독점하기에 이르렀다. 개신교도와 가톨릭교도 간의 30년전쟁(1618~1648년) 이후, 독일에서 황제 권력은 크게 약해졌다.

오늘날 우리가 알고 있는 독일은 황제에게 느슨한 충성을 바치는 소규모의 자치적인 제후령, 공작령, 왕국, 그리고 몇몇 자유도시를 긁어모은 결과물인 셈이다. 그런 형국은 신성로마제국이 1806년에 나폴레옹에 의해 해체될 때까지 이어졌다.

독일의 일부 도시들은 특별한 지위를 얻었다. 그 가운데 가장 주목할 만한 도시들은 한자동맹에 소속된 도시들이었다. 한자동맹은 중세에 북해와 발트해 무역을 독점한 북부 독일 도시들의 연합체였다. 브레멘, 함부르크, 뤼벡 같은 한자동맹

도시들은 해외무역에 주력했고, 농업 위주의 경제에서 상업 분야를 선도하는 역할을 맡았다.

【 종교개혁 】

마르틴 루터, 루카스 크라나흐 작.

1517년 아우구스티누스 수도회의 마르틴 루터는 면죄부(죄를 씻어준다는 증서)를 판매하는 로마 교황청에 공개적으로 항의함으로써 종교개혁의 첫발을 내디뎠다. 그의 목소리는 북부 독일 많은 제후령의 공감을 얻었고, 그 가운데 상당수 제후령이 개신교인 루터파를 선택했다. 곧이어 정치적, 경제적, 종교적 이해관계가 뒤엉키게 되었다. 17세기에 이르러 신성로마제국의 선제후들은 가톨릭교 진영과 개신교 진영으로 심각하게 분열했다.

신성로마제국 황제의 사촌인 페르디난트 2세가 보헤미아의 왕위를 계승하려는 움직임에 반발해 보헤미아(체코)의 귀족들이 일으킨 반란은 금세 대대적인 분쟁을 촉발했다. 이듬해에 페르디난트 2세는 신성로마제국 황제가 되었고, 그 결과로 벌어진 30년전쟁은 독일, 오스트리아, 스웨덴, 네덜란드, 프랑스를 집어삼켰다. 가톨릭교 국가들과 개신교 국가들 간 투쟁이 남긴 유산이 바로, 개신교 위주의 독일 북부 지방과 가톨릭교 위주의 독일 남부 지방이다.

【 프로이센의 발흥 】

현대 독일의 발전 과정을 이해하는 데 결정적인 요소는 프로이센의 발흥이다. 제2차 세계대전 이후 독일이 분단되면서 1947년에 공식적으로 해체된 프로이센은 규율과 효율성과 군국주의, 그리고 귀족계층인 융커의 지배권 같은 독일 고유의 여러 특징을 지니고 있었다. 흥미롭게도 프로이센은 독일 역사에서 비교적 뒤늦게 등장했다. 독일 북동부 지방에 자리 잡고 있던 프로이센 땅은 13세기부터 16세기까지 개발의 손길이 미치지 않은 황무지였다. 19세기 초반의 미국 서부와 얼추 비슷했다. 황무지에는 이교도인 프로이센 부족들과 리투아니아 부족들이 살고 있었다. 프로이센은 성전기사단에서 파생된 튜턴기사단에 의해 그 모습을 갖추고 통치되었다. 튜턴기사단의 사명은 발트해 민족들을 기독교로 개종시키는 것이었다. 전성기의 튜턴기사단은 오늘날 폴란드 도시 말보르크에 해당하는 마리엔부르크를 수도로 삼았고, 영국의 면적과 비슷한 영토를 차지했다.

1410년 튜턴기사단은 타넨베르크 전투에서 폴란드와 리투아니아 군대에 대패했다. 1525년 튜턴기사단의 단장 알브레히트 폰 프로이센 공작은 마르틴 루터의 영향을 받아 개신교에 귀의했고, 튜턴기사단은 세속화되었다. 기사단 단원들은 결혼하고 토지를 소유하기 시작했고, 얼마 지나지 않아 신흥 무인 귀족으로 변신했다. 같은 해에 알브레히트 폰 프로이센 공작은 프로이센을 세습 공작령으로 탈바꿈시켰고, 폴란드를 종주국으로 섬겼다. 1618년에 프로이센은 상속 절차에 따라 호엔

촐레른 가문의 브란덴부르크 선제후들에게 넘어갔고, 그들은 프로이센의 국력을 한층 강화했다. 폴란드가 행사하던 종주권은 대선제후 프리드리히 빌헬름에 의해 철폐되었고, 그 과정에서 오랜 군사적 전통에 심취한 융커라는 신흥 귀족세력이 탄생했다.

프리드리히 대왕(1781~1786년경)

프로이센은 1701년에 왕국이 되었고, 프리드리히 2세 치세에 국제적으로 두각을 드러냈다. 그는 프로이센 군인들이 유럽의 세력균형을 유지하는 과정에서 핵심적인 역할을 맡을 만큼 효율적이고 강력한 군대를 양성했다. 1815년에 나폴레옹에 맞서 싸운 워털루 전투에서 전세를 연합군에게 유리하게 바꾼 주역은 블뤼허 장군 휘하의 프로이센 군대였다. 나폴레옹 제국 탄생에 대한 민족주의적 반발은 프로이센 내부의 재건과 사회적·행정적 개혁을 촉진했다.

나폴레옹을 무찌른 연합국들은 신성로마제국의 붕괴로 생긴 공백을 메우고자 독일연방을 성립시켰다. 이 국가 연합체는 1848년까지 오스트리아가 주도했다. 그러다가 19세기 중엽에

오토 폰 비스마르크(1890년)

이르러 프로이센이 가장 강력한 나라로 부상했고, 오스트리아의 위험한 적수가 되었다. 오토 폰 비스마르크 재상이 계획한 프로이센의 목표는, 프로이센 주도로 독일 민족을 통일하는 것이었다. 반면 오스트리아의 정책은 독일의 분열 상태를 유지해 관리하는

것이었다. 결국 1866년에 결정적인 전투가 벌어졌다.

프로이센의 또 다른 적수는 프랑스였고, 1870년에 비스마르크는 프랑스 황제 나폴레옹 3세가 전쟁을 선포하도록 유인하는 데 성공했다. 비스마르크는 1870년에 프랑스에 치욕적인 패배를 안긴 뒤, 이듬해 1871년에 베르사유궁전 거울의 방에서 열린 역사적인 즉위식을 통해 프로이센의 빌헬름 1세를 통일 독일의 카이저(황제)로 옹립했다. 그리고 베를린을 통일 독일의 수도로 삼았다.

그렇게 민주주의보다는 군사 조직과 군사 행동에 대한 경험이 많은, 새로운 독일제국이 탄생했다. 독일의 막강한 조직력과 에너지는 얼마 지나지 않아 산업화 속도를 통해 확실히 드러났다. 1900년경 독일의 산업생산량은 약 150년 만에 영국 및 미국과 어깨를 견주게 되었다. 독일 통일의 기획자인 비스마르크는 제국의 초대 재상이 되었지만, 훗날 빌헬름 1세의 후계자 빌헬름 2세에 의해 해임되었다. 제1차 세계대전(1914~1918년)을 재촉한 인물이 바로 빌헬름 2세였다. 제1차 세계대전은 유럽 전체를 집어삼켰을 뿐 아니라, 최초로 미군을 유럽으로 불러들인 전쟁이었다.

【바이마르 공화국】

제1차 세계대전을 일으킨 독일은 공공의 적이었다. 전쟁에서 이긴 연합국들은 막대한 배상금을 부과하는 한편, 독일의 국경선을 1914년 이전의 상태로 되돌렸다. 1919년 엘베강 연안의 도시 바이마르에서 새로운 민주헌법을 제정하기 위한 국민제헌회의가 열렸다. 그러나 좌파의 과격한 공산당(1917년 러시아혁명의 성공에 고취되었다)과 우파의 국가사회주의 세력(대공황으로 인한 사회적 혼란, 부당한 배상금, 영토 상실 등에 분노했다) 사이에 끼어 있는 신생 바이마르공화국의 앞날은 그리 밝아 보이지 않았다.

1932년 선거에서 국가사회주의당, 즉 나치당이 37.3%를 득표하며 승리했고, 1933년에는 당수인 아돌프 히틀러가 제3제국의 총리 겸 국가원수가 되었다.

【제3제국】

히틀러는 육해공군의 전략을 강화하고 제1차 세계대전 이후 상실한 영토를 회복해 국가를 재건하려는 목표를 공격적으로 추진했다. 라인란트 지역을 재무장화했고, 오스트리아와 주데텐란트 지역과 체코슬로바키아의 나머지 지역을 차례로 합병했다. 그는 내부의 반대 세력을 무자비하게 진압하며 대중에게

1933년 3월 아돌프 히틀러와 노년의 힌덴부르크 대통령

나치 이데올로기를 주입하는 전체주의적 독재체제를 확립했
다. 또한 반대자들, 집시들, 러시아인들, 매춘부들, 동성애자들,
그리고 무엇보다 유대인들 같은 '바람직하지 못한' 집단을 탄
압해 순수한 인종인 아리아인의 국가를 만들겠다는 꿈을 이
루고자 했다. 1939년, 히틀러는 초반의 연이은 성공사례에 흠
뻑 취한 채 폴란드를 침공함으로써 독일을 다시 전쟁의 구렁텅
이로 빠트렸다.

　제2차 세계대전이 벌어지는 동안 나치는 강제노동과 약탈
과 집단학살에 관여했고, 그 과정에서 중앙유럽과 동유럽 곳
곳에 강제수용소를 설치했다. 1939년부터 1945년까지 유대인

대학살이 자행되는 동안 강제수용소에서 약 600만 명의 유대
인을 비롯한 수많은 사람들이 목숨을 잃었다.

【 전후의 독일 】

6년간의 총력전이 막을 내린 1945년에 독일은 철저히 패배했
고, 경제적·정치적 파멸을 맛봤다. 독일은 4대 연합국인 미국,
영국, 프랑스, 소련에 점령되었고, 수도인 베를린도 4대 연합국
의 통제를 받았다. 1948년에 러시아와 서구 열강들의 의견 차
이는 공동관리 체제의 완전한 붕괴로 이어졌고, 소련은 서유
럽으로부터의 모든 육로를 차단해 베를린을 봉쇄했다. 미국과
영국은 1948년 6월부터 1949년 9월까지 37km의 공중회랑을
따라 베를린 공수작전을 펼쳤고, 소련이 봉쇄를 풀 때까지 항
공편으로 약 225만 톤의 물자를 수송했다.

1949년, 독일은 서쪽의 민주국가인 독일연방공화국(수도는
대학도시인 본)과 동쪽의 공산국가인 독일민주공화국(수도는 동베
를린)으로 분할되었다. 베를린도 양 진영의 점령국들이 관리하
는 여러 개의 구역으로 나뉘었고, 공중회랑과 육로회랑을 통
해 서독과 연결되었다. 베를린은 서방세계와 소련 간에 냉전이
벌어지는 동안 일촉즉발 인화점으로 주목을 받았고, 존 르 카

1948년 포위된 서베를린 시민들이 항공기 착륙 모습을 지켜보고 있다.

레와 렌 데이턴 같은 소설가들이 내놓은 여러 첩보물의 소재가 되었다. 1953년 동베를린에서 일어난 봉기가 소련군에 의해 진압되었다. 1955년에 서독은 북대서양조약기구 회원국이 되었고, 동독은 바르샤바조약기구에 가입했다. 1961년에 동독의 공산 정권은 국민들이 서베를린으로 탈출하지 못하도록 베를린장벽을 세웠다. 탈출자들이 적발되면 즉각 총격이 가해졌다.

【 경제 기적 】

동베를린을 탈출하려는 사람들의 주요 동기는 서독의 자유로

1948년 포위된 서베를린 시민들이 항공기 착륙 모습을 지켜보고 있다.

운 분위기와 훨씬 높은 생활 수준이었다. 사회주의공화국인 동독은 경제적 침체를 겪고 있었다. 미국의 원조안인 마셜플랜에 힘입어 서독은 산업 기반을 재건할 수 있었다. 전후 최초의 서독 총리인 콘라트 아데나워 재임 시절, 서독의 산업 생산량은 유럽 각국의 산업 생산량을 급속도로 따라잡았다. 1965년에 서독은 유럽경제공동체의 창립 회원국 중 하나가 되었다.

【 독일의 재통일 】

소련을 본보기 삼아 건국된 뒤, 소련의 지배를 받은 동독은 국민의 삶을 강력히 통제했다. 1980년대 중반부터 미하일 고르

1989년 11월 9일 브란덴부르크 문 근처 베를린장벽 위에 올라선 사람들

바초프 서기장에 의해 소련의 공산체제가 느슨해지자, 동독 주민들은 헝가리와 오스트리아를 거쳐 서방세계로 탈출하는 길을 모색하기 시작했다. 1989년 11월 9일에 베를린장벽이 극적으로 무너지자 상황은 걷잡을 수 없게 되었다. 동독 정권이 유혈사태 없이 붕괴했고, 1990년 10월에 서독과 동독은 독일 연방공화국으로 재통일되었다. 수도는 본에서 베를린으로 바뀌었다.

오늘날의 독일인

오늘날 독일은 유럽에서 경제적으로 가장 막강한 나라이고, 유럽연합과 유로존에서 적극적으로 활동하고 있다. 독일은 옛 동독의 5개 주와 옛 서독 지역을 조화롭게 통합했다. 하지만 현재 독일은 경제적 성과와 힘들었던 과거의 여파를 동시에 겪고 있다. 유럽에 경제 불황이 닥치고 그리스와 스페인 같은 나라들에서 긴축 프로그램이 시행됨에 따라, 독일의 유권자들은 다른 나라들을 구제하는 데 거부감을 나타내고 있다. 두 차례의 세계대전을 겪은 바람에 독일 군대는 평화유지 활동을 제외하고 분쟁지역에서 존재감을 드러내기를 꺼린다. 옛 동독의 5개 주는 메클렌부르크, 브란덴부르크, 작센, 작센안할트, 튀링겐이다.

그래도 독일은 응집력이 강한 민족공동체다. 전체 인구의 91.5%가 독일 토박이다. 1990년대와 2000년대에 국내로 들어온 이주민들을 우려하기도 했지만, 이제 독일인들은 이주 노동자들에 대해 한층 더 실용적 태도를 지니게 되었다. 독일인들은 '유럽연합 안 노동의 자유로운 이동'을 기본적인 자유로 여기는 견해를 지지하며, 이른바 '복지관광welfare tourism 또는 benefit tourism(복지혜택을 누리기 위해 경제적으로 낙후된 동유럽 국가에서 영국이나 독일 같은 선진국으로 이민을 오는 현상-옮긴이)'은 고령화되는 노동인구와 점증하는 노동력 부족 사태를 개선하는 효과에 비춰볼 때 중요하지 않은 문제다. 더구나 근래의 이주자들은 1990년대 미숙련 이주 노동자들보다 기술 수준이 더 높은 편이라서, 독일 노동시장에서 긍정적인 기여를 하고 있다.

경제적 수준과 생활방식이 균등해짐에 따라 동서 격차는 점점 사라지고 있지만, 남북 차이는 여전히 남아 있다. 개략적으로 독일은 북쪽의 프로이센 지방과 남쪽의 여러 주로 나뉜다. 남북을 가르는 명확한 선은 없지만, 대충 프랑크푸르트 근처에서 남부 주들이 펼쳐져 있다. 억양과 어휘가 조금 다른데, 핵심적인 차이는 종교와 생활방식에서 드러난다. 북쪽의 프로이센 지방 사람들은 루터파 신자로 근면하고, 조직력이 좋고, 격식을 차린다. 남쪽 사람들은 대체로 가톨릭교를 믿는데, 그들 역시 근면하지만 비교적 느긋하고 여유가 있다.

독일은 기본적으로 지역주의의 색채가 짙다. 주마다 독자적 정부와 의회가 있고 베를린에 있는 연방의회Bundestag에 대표를 파견한다. 따라서 미국이나 영국처럼 눈에 띄는 남북 간의 심각한 대립관계는 없지만, 생활방식의 뚜렷한 차이는 찾아볼 수 있을 것이다. 독일인들은 자신을 그저 독일인이 아니라 특정 지역의 토박이로 인식할 것이다.

독일의 도시들

쾰른 인근의 대학도시인 본은 1989년까지 서독의 수도였고, 베를린의 동쪽 부분은 동독의 수도였다. 재통일 이후 연방정부는 여러 단계를 거쳐 베를린으로 돌아가기 시작했고, 수도이전 과정은 2003년에 완료되었다. 수도인 베를린과 주요 항구도시인 함부르크를 제외한 주요 도시들은 대체로 고지대와 남부 지방에 있다. 뮌헨은 상업적·문화적 중심지이고, 쾰른은 유명한 대성당이 있는 산업도시이며, 하이델베르크는 중요한 대학도시이다. 루르강 연안의 도시 에센은 독일의 철강업 중심지이고, 도르트문트는 탄광업 중심지이며, 남부의 슈투트가르트는 상업과 산업의 중심지이자 다임러-벤츠의 본사가 있는 도시이다(볼프스부르크에는 폭스바겐 본사, 뮌헨에는 BMW 본사가 있다). 뒤셀도르프는 패션과 상업의 중심지이다. 무역 중심지이자

마인강에 비친 프랑크푸르트 스카이라인

13세기에 짓기 시작해 19세기에 완공된 쾰른대성당

가장 오래된 대학도시 중 하나인 라이프치히는 여러 해 동안 동독 안에서 고립되어 있었지만, 이제 옛 명성을 되찾고 있다. 프랑크푸르트는 세계적인 금융 중심지 중 하나이다.

독일의 많은 도시들의 공통된 한 가지 특징은 흔히 숲에 둘러싸여 있다는 점이다. 프랑크푸르트 같은 대도시도 비행기를 탄 채 내려다보면 주변의 수많은 소나무와 들판이 있어 깊은 인상을 받을 것이다. 이러한 것을 보면 알 수 있듯이 독일은 유럽에서 생태학적 관심이 가장 많은 나라 중 하나이다. 강한 지역주의적 성격과 한정된 인구와 녹지 환경이 서로 맞물린 데 힘입어, 독일은 혼잡하지 않다는 느낌이 드는 나라가 되었다.

정부

독일은 상당한 자치권을 가진 16개 주로 구성된 연방이다. 1949년에 제정되어 1990년 이후 동독의 주들을 포함하고자 수정된 독일 헌법은 '기본법'이라는 명칭으로 불린다. 국가원수인 대통령은 5년마다 상하 양원에 의해 선출된다.

주	주도	비고
슐레스비히홀슈타인	킬	북부
메클렌부르크포어포메른	슈베린	
함부르크	함부르크	3개의 도시주 중 하나. 북부
브레멘	브레멘	
노르트라인베스트팔렌	뒤셀도르프	북부
니더작센	하노버	
베를린	베를린	3개의 도시주 중 하나. 북부
브란덴부르크	포츠담	북부
작센	드레스덴	
라인란트팔츠	마인츠	남부
자를란트	자르브뤼켄	
헤센	비스바덴	
작센안할트	마그데부르크	북부
튀링겐	에르푸르트	
바덴뷔르템베르크	슈투트가르트	남부
바이에른	뮌헨	

국회의사당(연방의회 의사당) 건물의 유리 돔

연방의회는 상원과 하원으로 이루어졌으며, 의석수는 656석이다. 연방하원 의원들은 4년마다 선출되며, 연방상원은 주의회의 대표들로 구성된다. 각 주는 인구수에 따라 연방평의회에서 최대 6석을 가질 수 있다.

대통령은 총리를 지명해야 하고, 총리 임명안은 의회의 인준을 받아야 한다. 총리 임기는 4년이다. 총리는 장관을 임명하고, 장관 임명안은 의회가 인준한다.

독일은 다당제 민주주의 국가이다. 선거에서 5% 이상을 득표하면 의석을 차지할 자격을 얻는다. 주요 정당은 다음과 같다.

• 주요 정당 •

- 기독교민주연합^{CDU}: 중도우파로 2차 세계대전 이후 콘라트 아데나워가 창당했다. 전통적으로 재계와 농업계의 이익을 대변하는 정당이고, 기질 측면에서 미국의 공화당이나 영국의 보수당과 가장 가깝다고 볼 수 있다.
- 사회민주당^{SPD}: 중도좌파이자 독일에서 가장 오래된 정당으로, 노동계급의 정치활동에 그 뿌리를 두고 있다. 현재는 전문직업인 계층과 사무노동자들의 이익을 대변하는 정당이다. 사회민주당 역사상 최초로 독일 총리직

에 오른 사람은 베를린 시장 출신 빌리 브란트이다. 진보적 가치를 지향하는 정당으로 미국 민주당이나 영국 노동당과 가장 가깝다고 볼 수 있다.

- 기독교사회연합^{CSU}: 중도우파이다. 바이에른주에서만 활동하고, 기독교민주연합의 자매정당이다.

- 자유민주당^{FDP}: 중도파이다. 정치 측면에서는 진보적이지만 경제 측면에서는 보수적 가치를 지향하는 소수정당이다. 기독교민주연합이나 사회민주당과 연정을 이룬다.

- 민주사회당^{PDS}: 1990년에 독일연방공화국에 재통합되기 전에 동독을 통치하던 공산당을 계승한 정당이다. 당원들은 주로 옛 동독 출신이고, 의회에서 옛 동독 지역 주민들의 이익을 대변하는 것을 목표로 삼는다. 의회에서 가장 규모가 작은 정당이다.

- 녹색당/동맹90: 생태주의적 반핵 정당이다. 전신인 녹색당이 1983년에 처음으로 의회에 진출한 바 있다. 현재 녹색당과 동맹90이 연합해 의석을 보유하고 있다. 독일의 재통일 운동을 펼친 민권운동 정당이다.

- 독일을 위한 대안^{AfD}: 2017년 선거 이후 독일에서 세 번째로 큰 정당이자 제1야당으로 성장한 인기영합주의적 우파 정당이다. 유럽연합이나 영국과의 긴밀한 관계에 반대하고, 국경을 봉쇄해 난민들의 접근을 막기를 바라는 것으로 평가된다.

베를린장벽의 교차점인 찰리 검문소는 군인 복장의 배우들이 서 있는 관광명소가 되었다

미국의 영향

미국이 오늘날의 독일에 끼친 정치적, 문화적 영향은 엄청나게 크다. 냉전의 최전선을 담당한 미군은 1993년에야 독일 땅을 떠났다. 주독일 미군 인력뿐만 아니라 독일 국민들에게도 대중음악과 뉴스를 내보낸 미군방송망AFN 라디오 방송국은 부지불식간에 큰 영향을 미쳤다. 서독인들은 두 세대에 걸쳐 미국의 대중음악과 록음악을 들으며 자랐다.

유로존

유럽연합과 유로존의 회원국인 독일은 유럽연합법을 준수해야 할 책임이 있다. 현재 독일은 민주주의를 확립한 유럽의 일류 산업국이다. 독일이 구소련 국가들과 발칸반도 국가들에 투자한 금액은 러시아를 빼고 유럽에서 가장 많다. 독일은 특히 정치적, 경제적으로 통일된 유럽이라는 목표를 위해 막대한 에너지와 자원을 쏟고 있다.

유럽의 난민 위기

2015년 여름 주로 전쟁 피해를 입은 중동과 아프리카에서 유럽으로, 난민들과 경제적 목적의 이민자들이 대거 몰려들었다. 앙겔라 메르켈 총리가 이끄는 독일은 난민들과 이민자들을 선도적으로 받아들였고, 많은 국민들은 정부의 방침에 의문을 표시했다. 인구이동을 다시 통제하고 이슬람 극단주의 집단의 테러 공격을 줄이기 위해 국경을 차단해야 한다는 요구가 있었다.

2016년에 영국이 투표를 거쳐 유럽연합을 탈퇴하려고 하고, 미국에서는 도널드 트럼프가 대통령으로 선출되자 유럽 전역에서 반反기득권 성향의 인기영합주의적 정당들이 힘을 얻었다. 독일의 2017년 선거에서 AfD, 즉 독일을 위한 대안(유럽연합과 영국과의 긴밀한 관계에 회의적인 반이민 성향의 우파 정당)이 최초로 의회에 진출했다. 앙겔라 메르켈의 중도우파 정당 연합인 기민/기사연합CDU/CSU(기독교민주연합과 기독교사회연합을 아우르는 명칭 - 옮긴이)은 지난 선거에 비해 득표율이 감소했으나 제1당의 자리를 유지했다.

02

가치관과
사고방식

한 나라의 국민들이 공유하는 가치관과 태도는 그 나라의 정치적·경제적·사회적 구조를, 그리고 국민들의 행동양식을 결정한다. 독일인이 우선시하는 핵심 가치는 미국인과 영국인이 중시하는 핵심 가치와 다른 경우가 많다. 그렇다면 과연 독일인은 어떤 사람들일까? 사업을 진행하거나 친교를 맺을 때 어떻게 행동할까? 흔히 떠오르는 대로 효율과 조직화일까? 아니다. 바로 '질서'다.

한 나라의 국민들이 공유하는 가치관과 태도는 그 나라의 정치적, 경제적, 사회적 구조를, 그리고 국민들의 행동양식을 결정한다. 독일인과 미국인과 영국인 가운데 상당수가 그 뿌리가 같지만, 독일인이 우선시하는 핵심 가치는 미국인과 영국인이 중시하는 핵심 가치와 다른 경우가 많을 것이다. 그렇다면 과연 독일인은 어떤 사람들일까? 사업을 진행하거나 친교를 맺을 때 어떻게 행동할까?

독일이라는 나라를 떠올릴 때 가장 먼저 생각나는 말 중에는 효율과 조직화가 있을 것이다. 효율과 조직화는 우리가 흔히 국민성과 연관시키는 용어가 아니다. 그런데 왜 우리는 독일이라고 하면 효율과 조직화가 생각날까? 이런 인식은 어디서 생긴 것일까? 독일을 방문한 사람이라면 어디서나 아주 세밀한 부분까지 잘 정돈되고 짜임새 있는 모습을 목격하게 될 것이다. 그런데 독일인들은 효율과 조직화의 측면에서 사고하지 않는다. 그들은 질서의 측면에서 생각한다. 효율과 조직화는 질서를 모색하는 과정의 부산물이다. 질서는 독일인들의 근본 가치이고, 그들의 모든 행동에 스며들어 있다.

질서가 있어야 한다

독일인의 삶에서 핵심적인 개념은 질서다. 독일에는 "질서가 있어야 한다"라는 속담이 있다. 세상 만물에는 나름의 타고난 질서와 체계가 있다는 믿음이 반영된 속담이다. 삶의 목적은 모든 대상을 분석해 질서와 체계를 발견한 뒤, 그 질서와 체계를 활용하는 것이다. 질서를 모색하도록 가르치고 질서를 활용하는 방법을 보여주는 것은 독일의 교육과 사회적 훈련의 역할이다. 질서는 삶에 단단한 토대를 제공한다. 독일인들에게 무질서는 무척 불안한 것이고, 따라서 어려운 상황에 놓일 때 그들의 첫 번째 목표는 질서를 모색해 재확립하는 것이다.

이쯤에서 아마 여러분은 이렇게 말할지 모른다. "그래서 뭐 어쩌라고요? 다들 정돈된 생활을 좋아하잖아요." 물론 그렇지만 독일인의 사고방식에서 질서는 국민의식 수준으로 격상되어 있고, 국민들 삶의 모든 영역에 침투해 있다.

이와 관련한 한 가지 사례가 계획수립이다. 독일의 회사들은 매달 미리 계획을 세울 것이다. 이들은 어떤 정해진 일을 처리하기 전에 상황이 바뀌기 마련이라는 걸 잘 알고 있다. 독일인들이 질서를 모색한다는 것은, 프랑스와 이탈리아와 스페인 사람들처럼 손을 놓고 있다가 마감 기한 직전에 처리하는 편보다 상황이 바뀔 때마다 다시 계획을 수립하는 편을 선호한다는 말이다.

모든 사람에게는 개인적인 심리적·사회적 프로그래밍의 일환으로 거치는 양육 및 교육과정과 경험을 통해 주입받은 여러 가지 특성이 있다. 그중 하나는 자기 삶에서의 질서에 대한 욕구이다. 그러나 이것은 사회적 차원이 아니라 개인적 차원의 과제일 뿐이다. 예를 들어 땅에 떨어진 쓰레기를 그냥 놔두는 것보다 쓰레기를 집어 쓰레기통에 넣지 않는 것을 더 힘들게 느끼는 상황을 떠올려보자. 독일인 마음속에는 내재화된 사회적 질서의식이 자리 잡고 있다. 그것은 사람들의 행동에 온갖 영향을 미친다. 독일인들이 유럽에서 가장 생태학적 관심이 가장 많은 이유, 그리고 그들이 무단횡단 같은 사소한 규칙 위반 행위나 잠자코 넘기거나 그냥 무시할 수도 있는 무질서한 행위를 저지른 사람들을 쉽사리 질책하는 이유는 바로 이 때문이다. 독일을 방문한 여러분에게 어느 독일인이 규칙을 일깨워주는 상황을 가정해보자. 이때 모욕감을 느끼면 곤란하다. 그것은 무례한 짓이 아니라 사회적 책임이라는 원칙을 중시하는 태도에서 비롯된 행동일 뿐이다.

뮌헨에서 담소를 나누는 사람들 _ 유머 감각이 없지는 않다

　질서를 중시하는 국민적 사고방식은 여러 가지 결과로 이어진다. 첫째, 유권자는 자신이 뽑은 지도자의 말대로 행동하려는 경향이 있을 것이고, 그 결과 권위를 존중하는 태도가 중시될 것이다. 둘째, 사람들은 계획하고, 조직하고, 점검하는 자세를 긍정적으로 바라볼 것이고, 임기응변에 의존하거나 부랴부랴 일을 처리하는 태도를 부정적으로 여길 것이다. 마지막 순간까지 일을 미루다가 마지못해 처리하는 편인 사람은 질서의식을 지닌 독일인을 상대할 때 유의해야 할 것이다.

　독일인들은 조직력이 강하고 맹목적으로 질서를 지키는, 유머 감각이 없는 사람들이라는 고정관념이 있다. 하지만 사실이 아니다. 독일인들은 다른 나라 사람들 못지않게 유머 감각이 뛰어나다. 1989년에 베를린장벽을 무너트리며 세계를 깜짝 놀라게 했듯이, 반체제적 기질을 마음껏 분출할 때도 있다. 또한 북부 독일 주민들과 남부 독일 주민들은 사회적 원칙으로서의 질서 개념을 해석하는 방식이 서로 다르기도 하다. 그렇지만 독일 사회의 이 같은 조직 원리가 깊이 뿌리박혀 있다는 점과 그 원리를 반드시 고려해야 한다는 점을 인식하는 자세가 중요하다.

명확성

영국인 관리자와 독일인 관리자가 어떤 프로젝트를 논의하는 상황을 가정해보자. 모든 세부사항을 오랫동안 분석한 뒤 독일인이 나름대로 만족한 계획안을 내놓는다. 그는 "됐습니다. 명확한 체계를 갖췄어요. 마음이 놓이는군요"라고 말한다. 여기서 의미심장한 말은 '명확한Klarheit'이다. 대부분 독일인들에게는 명확성이 중요하다. 명확성이란 이를테면 정확히 어떤 일을 수행해야 하고, 누가 그 일을 담당할지 모두에게 알려주는 체계를 찾아내는 것이다. 어쩌면 여러분은 이렇게 반문할지 모른다. "모든 사업의 목표가 다 그런 것 아닌가요?" 물론이다. 하지만 국민적 원칙 차원에서의 명확성이라면 얘기가 달라진다. 독일인들은 직접적이고 솔직한 태도, 그리고 감정을 드러내거나 의사를 전달할 때 모호함을 피하는 태도를 무척 중시한다. '알레스클라 Alles klar(영어의 "All clear" "Okay" "All right" 등에 해당하는 말-옮긴이)'라는 표현은 상대방의 지시나 설명을 받아들일 때 흔히 쓰는 말이다.

　명확성을 도출하기는 쉽지 않다. 독일인들은 명확성을 찾아내기 위해 상황이나 제안을 오랫동안 깊이 있게 분석하고, 찾아낸 명확성을 바탕으로 체계를 확보한다. 일단 확보된 체계는 질서의 주축으로 인정되고, 쉽게 바뀌지 않는다. 외국인들이 독일인들의 행동양식에서 융통성 부족과 엄격성을 느끼는 까닭은 바로 이 때문이다. 독일인들은 세밀한 분류에 지나치게 열중한다는 평가를 받기도 한다. 독일 기업의 문제 중 하나는 분석 마비 증상일 수 있다. 분석 마비란 상황 분석에 너무 치중하다가 정작 의사결정이라는 더 중요한 목표를 놓치고 마는 현상을 가리키는 말이다.

　자, 여러분이 독일에서 버스를 타는 경우를 가정해보자. 당신은 버스정류장에 서 있다. 버스가 도착해 타려고 하는데, 버스 안에서는 승차권을 살 수 없다. 여러분은 미처 몰랐던 사실이다. 운전사에게 태워달라고 부탁한다. 운전사는 "안 됩니다"라고 대답할 것이다. 승객이 버스를 이용하는 체계적 방식이 확립되어 있기 때문이다. 승객은 버스정류장 옆의 발권기를 이용해 승차권을 구입한 뒤, 승차권 판독기에 넣으면 된다.

이때 어떻게 해야 할지 모르면 버스정류장 근처의 아무에게나 물어보면 될 것이다. 독일인들은 현지 사정을 잘 모르는 외국인에게 놀랍도록 너그럽고 친절하다. 때때로 독일 현지의 체계적 방식을 상세히 알려주는 경우도 있다. 그들은 현지 사정에 밝지만, 여러분은 그렇지 못하다. 독일인들은 여러분을 도와줄 수 있다.

참고로 버스 승차권은 온라인을 통해서도 구매할 수 있고, 어떤 주에서는 버스 안에서도 살 수 있다.

문화와 교육

독일은 인쇄술과 도서 출판 분야의 선두주자였고, 문맹률 0%

프리드리히 실러(왼쪽)와 이마누엘 칸트(오른쪽)

에 근접한 최초의 나라 중 하나이다. 마인츠 출신의 요하네스 구텐베르크(1398~1468년)는 가동활자가 쓰이는 근대식 인쇄기를 발명했다. 덕분에 인쇄과정이 혁신적으로 발전했고, 성경을 비롯한 책들이 널리 보급될 수 있었다. 그렇게 구텐베르크는 최초의 정보시대를 예고했다.

독일인들은 예나 지금이나 교육과 문화Bildung를 중요하게 여긴다. 이 점은 독일 국회의원의 5분의 1(미국의 경우는 3%)과 독일 기업 사장의 58.5%(미국의 경우는 1.3%)가 박사 학위를 갖고 있다는 사실에서 드러난다.

18세기와 19세기의 칸트 같은 철학자들과 괴테와 실러 같은 문인들은 삶에 짜임새 있는 틀을 제공한다는 측면에서 교육의 중요성을 금과옥조로 여겼다(일종의 세속종교 같았다). 그 점은 이념과 거대 담론에 쏠린 관심, 재계와 정치계에서 중시되는 교육과 심미안, 그리고 여러 도시에 즐비한 예술회관, 가극장, 극장, 박물관을 통해 드러난다.

진실성과 책임감

명확하고 제대로 작동하는 체계를 찾아내는 과정에는, 수많은 생각과 수준 높은 정직성이 필요하다. 전반적으로 독일인들은 자기 생각을 그대로 말하기를 좋아하고, 본인이 진실이라고 여기는 사실을 다루기를 선호한다. 솔직함과 정직성은 독일 사회의 특징이지만, 남부 지방보다는 북부 지방에서 훨씬 더 강조된다. 사업상의 협상을 할 때, 독일인은 영국인이나 미국인보다 협상 초기의 입장과 협상을 마무리할 때의 입장 간 차이가 훨씬 작을 것이다.

　의사소통을 할 때 영국인은 독일인과 미국인에 비해 모호하고 우회적인 태도를 취하는 편이다. 반면에 독일에서는 의도를 그대로 말로 표현하는 것이 중요하다. 상대방의 기분을 상하게 할까 싶어 할 말을 못 하면 곤란하다. 독일인들이 아무리 친근하고 우호적인 태도를 보이려고 애써도, 상대방의 행동이나 특성에 대한 그들의 평가는 불편하고 직설적으로 보일 때가 많을 것이다. 이는 독일인이 영어를 쓴다고 해도 달라지지 않는다. 원래 영어 대화에는 please, thank you, would, could, might 같은 단어가 자주 쓰이지만, 독일인은 영어를 써도 yes, no, should, must 같은 표현을 많이 쓸 것이다. 따라서 비타협적이거나 무례하다는 인상을 풍길 수 있다.

책임감

정직성과 명확성을 기대하는 사회적 분위기와 잘 어울리는 요소가 바로 강한 책임감PFLICHTBEWUSSTSEIN 이다.

"의도를 그대로 말로 표현하라"라는 태도는 "솔직하게 말하라"라는 태도와 통한다. 말을 해놓고 실천하지 않거나 슬쩍 시도하는가 싶더니 금방 어려움을 호소하는 것은 매우 바람직하지 못한 태도로 평가된다. "최선을 다하겠습니다"라는 독일인

• 터놓고 요점을 찌른다 •

어느 금융서비스회사에서 아일랜드인, 영국인, 독일인 사원들을 대상으로 팀워크 모의훈련을 실시했다. 2개 팀이 참가했고, 팀마다 1명의 입회인이 참가했다. 아일랜드인 입회인이 유머와 재미를 가미하며 자기 팀의 보고 과정에서 드러난 몇 가지 단점을 지적했다. 다음 차례는 독일인 입회인인 하인츠의 차례였다. 하인츠는 아주 잘 생기고 상냥하고 매력적인 뮌헨 출신의 남자였다. 영어 실력도 뛰어났다. 그는 이렇게 말문을 열었다. "제가 지켜본 결과 10가지를 지적하고 싶습니다. 첫째, 우리 팀은 …을/를 하지 않았습니다. 둘째, …을/를 했어야 하는데 하지 않았습니다. 셋째, …도 하지 않았습니다." 이후에도 그의 지적은 이어졌다.

쉬는 시간에 영국인 사원들과 아일랜드인 사원들은 모의훈련을 돕는 영국인 담당자를 따로 만났다. 그들은 "하인츠 때문에 정말 화가 나요. 너무 긴장해 어깨가 뻐근할 정도예요"라고 하소연했다. 영국인 담당자는 고개를 끄덕일 수밖에 없었다. 그들의 말에 공감했다. 물론 하인츠는 장점을 당연시하고 단점을 되도록 분명하고 솔직하고 간결하게 지적하는 독일인 특유의 방식을 따르고 있을 뿐이었다. 그런 방식은 조직화와 종합적 접근법 측면에서는 빛을 발하지만, 사교와 인간관계 측면에서는 성과를 내기 어렵다. 다행히 하인츠는 상냥한 성격 덕분에 동료들과의 친분을 회복했다.

의 말은 "최대한의 노력을 쏟으면 아마 성공할 수 있을 것입니다"라는 말로 해석할 수 있을 것이다. 반면에 영국인이 그렇게 말한다면 실패를 염두에 두는 변명으로 해석할 수 있을 것이다. 독일에서는 주어진 책임을 다하는 자세가 무척 중요하고, 이 같은 자세는 군인이나 사업가는 물론이고 개인에게도 적용된다. 예컨대 반려견 주인은 반려견을 산책시킬 때 배설물을 잘 처리해야 한다.

책임감은 독일인의 한층 더 뿌리 깊은 사고방식(바그너의 오페라나 괴테와 실러 같은 위대한 낭만주의 시인들의 작품에 반영된 숭고한 원칙에 대한 믿음과 고결함)과 연결되어 있다. 독일인의 지성에는 개인의 이익보다 공익을 앞세우는 태도를 중시하는 의식이 잠재되어 있다. 독일인들에게 공동체의식과 집단소속감이란 타인뿐 아니라 자신을 위해서라도 집단의 이익에 반하는 행동을 하지 않는 태도를 가리킨다. "대접받고 싶거든 남을 먼저 대접하라" 독일 속담에 바로 이런 태도가 잘 요약되어 있다. 이런 식의 이상론은 독일인들이 내재화된 공공질서의식을 지니고 있는 것처럼 보이는 까닭을 이해하는 데 도움이 된다.

직업윤리

책임감과 공동체의식을 실천하며 살기 위해서는 상당한 노력
이 필요하다. 독일인들은 투철한 직업윤리를 지니고 있다. 독일
인들은 할 일을 올바른 방식으로 처리하는 자세를 중시하고,
이런 마음가짐은 업무를 처리하는 방식에도, 개인 공간을 정
리하는 데도 적용된다.

독일의 직업윤리 중에는 철저함이라는 측면이 있다. 할 가
치가 있는 일은 완벽히 해내야 한다는 것이다. 영국 회사로
전근한 어느 독일인 직원은 본인이 달성해야 할 목표가 너무

높게 설정되어 있다고 느꼈다. 아무리 열심히 일해도 목표를 100% 달성하기 힘들 것처럼 보였다. 고민 끝에 관리자에게 찾아갔다. 그러자 관리자는 "정말 잘하고 있네. 자네가 목표를 60% 이상 달성할 것으로 기대한 사람은 아무도 없었어!"라고 말했다.

독일의 직업윤리는 종교개혁 사상에 의해 강화된 규범이다. 16세기에 마르틴 루터가 그 기틀을 닦았고, 훗날 북유럽 국가들과 미국, 캐나다, 오스트레일리아, 뉴질랜드 같은 나라들이 채택했다. 이 규범에 따르면 일이란 그 자체로 좋은 것이고, 일과 일을 처리하는 효율적 방식에 대한 태도는 인격을 형성하고 순화하는 역할을 한다. 독일의 여러 지역 주민들이 믿는 루터파는 근면함과 검소한 생활을 개인적 성장을 이루는 길로 강조한다. 안정적인 사회질서를 유지하고, 겸손하고 검소하게 생활하는 자세는 예로부터 훌륭한 종교 생활의 일환으로 평가되었다(근면함과 겸손함 같은 유교적 가치가 남아 있는 일본과 한국에서도 비슷한 분위기를 찾아볼 수 있다). 이런 태도는 종교개혁과 프로이센의 엄격한 군국주의적 전통에 영향을 받은, 개신교 위주의 독일 북부 지방에 특히 강하게 남아 있다.

여기서 명심해야 할 흥미로운 점은, 일의 양이나 처리 방식을 일을 처리하는 데 걸리는 시간과 혼동하지 말아야 한다는 사실이다. 독일인들이 항상 일에 매달려 있다는 고정관념이 있지만, 실제로는 그렇지 않다. 독일인들은 초과 근무와 야근과 퇴근 후의 재택근무를 개인적 비효율성이나 부실한 직무설명서(해당 조직의 비효율성)의 결과로, 또는 동료에 대한 불신의 징후로 여긴다. 독일인에게 직업윤리란 무조건 직장에 늦게까지 머물며 일하는 것이 아니라 근무시간에 열심히, 시간 낭비 없이, 효율적으로 일하는 것을 뜻한다. 아울러 신뢰를 가리키는 것이기도 하다. 일하는 사람은 일하는 장소에 있어야 하고, 일을 멈추겠다고 말한 시간에 멈춰야 하고, 약속한 바를 지켜야 한다. 그러나 시대가 점점 변하고 있다. 요즘은 직장에서 늦게까지

• 시간 엄수 •

영국인 직원이 상사인 독일인 관리자에게 회의에 늦으면 어떻게 되는지 물었다. 독일인 관리자는 이렇게 대답했다. "처음 지각하면 문화적 차이로 이해하겠지만, 또 지각하면 두 번 다시 말하지 않겠네!" 그래도 관리자의 얼굴에는 미소가 담겨 있었다.

일하거나 일거리를 집에 갖고 가는 독일인들이 점점 많아지고, 초과 근무를 실시하는 공장이 차츰 늘어나고 있다.

권위와 신분

기존의 체계를 그대로 유지하는 것은 강한 권위의식과 신분의식의 발로다. 다른 나라 사람들과 마찬가지로 독일인들도 권위를 비판하지만, 가정이나 지역 의회나 사무실이나 정부에서나 결국에는 권위를 받아들일 것이다. 독일 사회에서는 조직과 체계를 강조하는 것이 중요하다. 여기에 동반되는 요소가 신분의식이다. 좋은 옷, 좋은 음식, 좋은 집, 그리고 무엇보다 좋은 자동차는 신분을 드러내는 표시이다. 예를 하나 들어보겠다. 어느 인사 담당 임원이 소도시에서 열릴 회의를 준비하고 있었다. 행사는 A와 B라는 2개의 독일 회사가 합병하는 문제를 다루는 회의였고, 각 회사의 최고경영자들이 참석할 예정이었다. 회의를 유치한 호텔은 A회사의 최고경영자에게는 팬트하우스를, B회사의 최고경영자에게는 스위트룸을 제공했다. 독일 경제계에서는 동등한 신분에 대한 동등한 대접이 특히 중요하다.

사적인 자리와 공적인 자리

독일인들은 일하는 자리와 노는 자리를 확실히 구분한다. "일은 일이고 술은 술이다"라는 말이 있다. 절대로 일하는 자리와 노는 자리를 혼동하지 말아야 한다! 독일인의 생활에서는 각종 경계가 중요하고, 일하는 시간과 노는 시간 사이에는 분명한 경계가 있다. 그런 명확한 구분은 사회생활에서도 찾아볼 수 있다.

독일인들이 이처럼 고집스럽게 경계선을 긋는 한 가지 그럴듯한 원인은 독일의 불안한 지정학적 위치 때문일지 모른다. 유럽의 한가운데에 자리 잡은 채 9개 나라와 국경을 맞대고 있고, 정치적·경제적 격변을 자주 경험한 나머지, 독일인들은 내면의 안정감을 추구해왔다고 볼 수 있다.

사회적 응집력과 관용성

독일 인구는 2013년 8,060만 명에서 2020년 8,320만 명으로 증가했다. 독일은 유럽연합 제1의 인구 대국이고, 세계에서 17

• 일과 술 •

영국인 제조업자가 독일 북부 지방의 어느 회사에 부품을 납품하는 계약을 따냈다. 그는 거래 성사를 축하하려고 독일 회사 관계자들을 포도주 전문점으로 초대했다. 술자리는 무척 즐겁게 진행되었다. 영국인 제조업자는 참석자 모두에게 술을 샀고, 친밀감을 드러내며 편안한 호칭을 썼다. 귀가 후 그는 팩스로 충격적인 소식을 들었다. 독일 회사가 앞으로 거래를 하지 않기로 결정했다는 내용이었다. 화들짝 놀라 독일인 담당자에게 전화를 걸었다. 무슨 일인지 알고 싶었다. 술자리에서의 용납할 수 없는 행동 때문에 독일 회사 사장이 거래를 중단하기로 했다는 답변이 돌아왔다.

영국에서는 아무 문제 없는 처신이었지만, 독일에서는 사무실 예절과 사생활 간 경계를 침범한 행동으로 보였던 것이다. 영국인 제조업자 입장에서는 새로 만난 독일인들과 친구가 되려고 했던 행동이었지만, 독일 회사 사장은 자존심과 체면이 깎였다고 생각했고, 앞으로 관계를 이어갈 수 없다고 판단한 것이다. 이것은 매우 극단적인 사례다. 하지만 업무를 처리하는 자리와 술을 마시는 자리를 구분하는 자세의 중요성을 생생하게 보여준다.

번째로 인구가 많은 나라이다. 독일 인구가 이렇게 늘어난 주요 원인은 동유럽을 통해, 그리고 남지중해 지역으로부터 건너온 이주자들이 늘어났기 때문이다. 특히 2015년에 앙겔라 메르켈 정부는 문호개방 정책 일환으로 약 100만 명의 난민들을 받아들인 바 있다.

주로 시리아와 아프가니스탄 출신의 이주자들이 증가해 일자리가 늘어나고 경기가 좋아졌지만, 주택이 부족해지고 교육 수요가 많아지자 2013년에 창당된 AfD(독일을 위한 대안) 같은 인기영합주의적 우파 야당들의 인기가 높아지기도 했다. 유

'세계에서 가장 힘 있는 여성'으로 평가받은 바 있는 앙겔라 메르켈

럽연합에서 가장 막강하고 세계에서 미국, 중국, 일본 다음인 4번째로 평가되는 독일 경제는 때때로 침체에 빠지며 어려움을 겪어왔지만, 앙겔라 메르켈의 기독교민주연합이 여전히 집권당이다.

코로나19

2020년 독일 정부는 코로나19가 닥치자 전국 차원의 봉쇄령을 내리고 광범위한 예방조치를 도입하며 발 빠르고 효율적으로 대응했다. 대다수 국민들은 정부의 제한조치에 잘 적응했지만, 소수는 사회적 거리두기와 마스크 착용 의무화에 항의했다. 베토벤 탄생 250주년 같은 주요 행사들이 연기되었다. 텔레비전을 통해 방송된 표어("긍정적으로 바라봐요"와 "코로나 이후의 세상이 있을 거예요")에는 의욕적이고, 긍정적이고, 실용적인 독일인의 관점이 담겨 있다.

03

관습과 전통

정해진 규칙을 철저히 따르는 독일인이라고 즐길 줄 모르는 것은 아니다. 독일은 가톨릭교와 개신교의 전통이 혼재되어 있는 나라로, 다양한 축제와 풍습과 기념행사가 있다. 또한 주별로 다양한 주요 축제와 경축일도 있다. 크리스마스에 크리스마스트리를 장식하고 카드 등을 주고받는 문화 혹은 전통은 빅토리아 여왕의 배우자인 독일 출신 앨버트 공이 영국에 소개한 것이다.

짜임새 있는 삶을 좋아하는 사람들이라고 해서 즐길 줄 모른다고 짐작하지 말기 바란다. 가톨릭교 전통과 개신교 전통이 혼재된 독일에는 다양한 축제와 풍습과 기념행사가 있다. 크리스마스와 관련된 크리스마스트리, 장식, 카드 같은 여러 가지 인기 있는 전통은 사실 빅토리아 여왕의 배우자인 독일 출신의 앨버트 공이 영국에 소개한 것이다.

각종 축제와 경축일

독일에서는 주마다 다양한 주요 축제와 경축일이 있다. 모든 주에서 지키는 국가 공휴일은 9개이고, 주로 가톨릭교를 믿는 몇몇 주에서만 따르는 공휴일도 있다.

【크리스마스】

가장 중요한 명절은 크리스마스다. 그리스도 탄생을 기념하는 날인 12월 25일 이전 몇 주 동안 도시나 마을의 중심지에는 장식물, 음식, 포도주 따위를 판매하는 크리스마스 시장이 열린다. 크리스마스 시장은 장거리 버스 여행객들에게 인기를 끌

날짜		경축일 이름
1월 1일		신년일
3~4월 중		성금요일
3~4월 중		부활절 다음날
5월 1일		노동절
5~6월 중		예수승천일
5~6월 중		성령강림절 다음날
10월 3일		독일 통일 기념일
12월 25일		크리스마스
12월 26일		성스테파노 축일(크리스마스 다음 날)

게 되었고, 요즘은 영국, 프랑스, 벨기에, 이탈리아 등지에서 출발한 장거리 버스들이 크리스마스 이전의 축제를 즐기기 위해 독일 도시들로 몰려들고 있다. 제일 유명한 시장 중 하나는 뉘른베르크 크리스마스 시장이다. 크리스마스 시장에서는 따뜻하게 데운 포도주(글뤼바인), 생강 과자빵(레프쿠헨), 양념맛이 강한 케이크(슈톨렌) 등을 살 수 있다. 합창단과 관악대가 노래를 부르고 크리스마스 캐럴을 연주한다.

크리스마스 한 달 전부터 아이들은 대림절 달력을 만들어 열어보기 시작한다. 크리스마스 이전 4주 동안을 가리키는 대림절 기간은 기독교 신자들이 종교적 준비에 임하는 기간이

전통적인 크리스마스 케이크인 슈톨렌

다. 대림절 달력에는 크리스마스와 관련한 여러 가지 주제를 묘사한 그림이 담겨 있고, 각 그림은 숫자가 적힌 종이 문 뒤에 숨어 있다. 아이들은 크리스마스가 다가오는 동안 날마다 문을 하나씩 열어 문 뒤에 어떤 그림이 있는지 확인한다.

독일의 일부 지역 사람들은 여전히 손수 크리스마스 장식을 한다. 학교와 유치원, 그리고 집에서도 아이들과 교사들, 그리고 부모들이 실내와 크리스마스트리를 직접 장식한다. 대림절에는 빨간 양초 4개를 얹은 아드벤츠크란츠라는 특별한 대림절 화환이 쓰인다. 크리스마스가 다가올 때까지 매주 양초

크리스마스 시장 노점

1개에 불을 붙인다.

12월 5일, 아이들은 잠자리에 들기 전에 신발을 밖에 내놓는다(일부 지역에서는 양말도 내놓는다). 그날 밤에 성니콜라우스(산타클로스)가 찾아온다고 믿기 때문이다. 성니콜라우스는 착한 아이에게 사탕을 주고, 나쁜 아이에게는 나뭇가지를 남겨둔다고 한다. 12월 6일, 독일의 여러 지역에서는 성니콜라우스 차림의 남자가 학교와 유치원을 찾아간다. 이때 아이들은 노래를 부른다. 한 해 동안 착하게 지낸 아이들은 사탕, 견과류, 오렌지, 사과 등의 선물을 받는다. 성니콜라우스 차림의 남자 옆에는 몸집이 작은 하인이 자작나무로 만든 회초리와 자루를 들고

서 있다. 성니콜라우스의 하인인데, 말썽을 피운 아이들을 자루에 담아 멀리 데려간다고 한다!

독일 가정에서는 크리스마스 전날인 12월 24일에 파티를 연다. 상점과 사무실은 점심때쯤에 문을 닫고, 가족들은 가벼운 식사를 하고, 크리스마스트리 주변에 모여 선물을 주고받는다. 선물은 누가 가져올까? 독일 북부 지방에서는 산타클로스가, 남부 지방에서는 아기 예수가 선물을 준다. 가족들은 관습에 따라 크리스마스 전날 정오에 예배나 미사에 참석한다.

크리스마스 당일은 외출하는 날이다. 가족들은 서로의 집을 방문하고, 젊은이들은 스포츠를 즐기거나 스키를 타러 간다. 독일의 크리스마스인 12월 25일은 영국의 크리스마스 다음날인 12월 26일과 비슷하다. 독일의 크리스마스 전통 음식은 칠면조 요리가 아니라 감자와 경단, 그리고 양배추를 곁들인 거위 요리다.

【 신년일 】

신년일인 1월 1월은 공휴일이다. 여러 행사와 불꽃놀이로 곳곳이 시끌벅적해진다. 교회의 종소리가 새해를 알리고, 어떤 곳에서는 뜨거운 납을 물에 빠트려 운세를 점치기도 한다. 마지 팬(아몬드, 설탕, 달걀 등으로 만든 과자 - 옮긴이)이나 초콜릿으로 만든 편자, 무당벌레, 네잎클로버, 굴뚝 청소부, 새끼 돼지 등을 형상화한 행운의 부적을 주고받기도 한다.

【 공현절 】

공현절인 1월 6일은 그리스도가 태어난 마구간에 동방박사 3명이 찾아온 일을 기념하는 날이다. 공현절에 아이들과 10대 청소년들은 동방박사처럼 차려입은 채 이집 저집 돌아다니며 성금을 모은다. 집주인은 대체로 사탕이나 캔디를 내놓는다. 이때 어떤 집의 대문에는 분필로 'C+M+B'라는 글자가 적혀 있는데, "이 집에 축복이 있기를"이라는 뜻의 라틴어를 머리글 자로 나타낸 것이다. 즉, 슈테른징어에게 기부금을 이미 냈다는 뜻이다. '슈테른징어'는 'C+M+B' 표지판을 들고 세계아동기금 독일협회 같은 자선단체에 기부하도록 부탁하는 지역 교회 소속의 어린이들이나 젊은이들을 가리키는 말이다. 세계아동기금 독일협회는 독일에서 적십자 다음으로 큰 규모의 자선단체이다. 슈테른징어는 독일 총리를 공식적으로 방문하기도 하는데, 총리 역시 기부금을 낸다.

사육제

가톨릭교를 믿는 지방에서 재의 수요일은 사순절의 시작을 알리는 날이다. 사순절은 부활절까지 금식하고 몸과 마음을 가다듬는 기간이다. 재의 수요일을 앞둔 일요일과 월요일에 독일의 여러 도시와 마을에서 사육제가 열린다. 사육제는 몇 달 전부터 준비한다. 사육제를 준비하는 과정은 성마르티누스 축일인 11월 11일 오전 11시 11분에 시작된다.

사육제는 격식을 차리지 않고 유쾌하게 즐기는 시간이다. 이 기간에는 평소와 달리 '당신Sie' 대신에 '너du'라는 편안한 호칭이 쓰인다. 사무실과 학교와 집에서 파티가 열린다. 사람들은 자유분방하고 기발한 의상을 차려입고, 큰 도시들에서는 대규모 거리 행진이 열린다.

축제는 재의 수요일 이틀 전인 로젠몬탁, 즉 광란의 월요일에 절정에 이른다. 광란의 월요일은 사육제의 '왕자'와 '공주'가 진행하는 가장 중요한 행사인 사육제 행진이 열리는 날이다. 사육제의 마지막 날인 화요일에는 금식하지 않아도 되고, 먹고 마시는 잔치가 벌어진다. 영국이나 미국에서 지키는 참회의 화요일과 비슷하다. 여성 사육제인 바이버파스트나흐트는 광란의 월요일 전의 목요일에 열린다. 이날은 여자들이 도시의 주

광란의 월요일 행사에 참석한 사람들

인이 된다. 여자들은 만나는 모든 남자의 넥타이를 잘라버려
도 된다. 실제로도 그렇게 한다. 그러므로 이 시기에 독일 현지
에 머물고 있을 남자들은 반드시 낡은 넥타이를 매고 다니기
바란다!

뮌헨에서는 사육제를 '파싱'이라고 부른다. 사육제는 파스
트나흐트, 파스네트, 포스나트 등으로 불리기도 한다. 규모가
가장 크고 멋진 축하 행사는 뒤셀도르프와 마인츠에서 열리
고, 특히 쾰른에서 열리는 행사가 유명하다.

【 부활절 】

부활절에도 고유의 풍습이 있다. 오스터하제(부활절 토끼)는 삶
은 달걀에 색을 칠해 숨겨둔 뒤 아이들이 찾아내도록 한다. 베
를린 남쪽 지역에 거주하는 소르브인들(독일 동부 지방에 거주하는
서슬라브족 계열 주민들 - 옮긴이)은 부활절 계란을 아름답게 장식하

는 것으로 유명하다. 사람들은 부활절 계란이나 초콜릿 토끼를 주고받는다. 정원이 있는 사람들은 빈 나뭇가지를 부활절 꽃이나 그 밖의 장식물로 꾸민다. 부활절 토끼는 메마른 겨울이 끝나고 봄이 찾아와 땅이 생산력을 되찾은 것을 축하하려고 옛 이교도들이 열었던 춘분 축제에서 비롯된 유산이다.

부활절 예배나 미사에서는 예수의 십자가형과 이후의 기적적인 부활이 재현된다. 성금요일에는 예배나 미사가 열리지 않는다. 성자들의 조각상은 검은색이나 자주색 덮개로 가려둔다. 교회 벽 주변에 있는 12개 십자가의 성로聖路(그리스도의 고난과 죽음을 묘사한 그림, 돋을새김과 조각상)는 평소처럼 그대로 둔다. 각 성로 앞에서 기도 의식이 진행된다. 꽃도, 음악도, 장식물도 없다. 이튿날인 토요일에 교회는 그리스도가 무덤에서 보낸 시간을 기억하는 의미에서 낮 동안 문을 닫지만, 개인적 기도는 허용한다. 그런 다음 덮개가 걷히고, 교회는 그리스도의 부활을 기념하는 예배나 미사에 쓰일 양초와 꽃으로 가득해진다.

하나같이 내부가 밝고 화려한 색깔로 빛나는 독일의 바로크 양식 교회는 언제나 아름다운 장소이지만, 부활절에 특히 찬란하게 빛나는 곳으로 변모한다.

【 그 밖의 종교적 경축일 】

특히 농촌 지역에서 여러 성자들의 축일에 이런 식의 장식과 축하 의식을 찾아볼 수 있다. 11월 성마르티누스 축일에 아이들은 초롱을 들고 거리를 쏘다닌다. 가톨릭교를 믿는 지역에서는 그리스도 성체 성혈 대축일(삼위일체 대축일 다음 목요일)에 행진이 벌어지고, 옥외에 제단을 설치해 장식한다.

【 비종교적 경축일 】

비종교적 행사에서도 장식 풍습을 찾아볼 수 있다. 예를 들어 리히트훼스트로 불리는 상량식에서는 지붕을 올리기 전에 들보나 도리에 꽃, 리본, 풀, 나무를 붙여둔다. 그리고 건축주는 전통에 따라 맥주통의 마개를 따고 다과를 제공한다.

초등학교 개학일에 학부모들은 자녀에게 슐튜테라는 입학 선물을 준다. 마분지로 만든 일종의 고깔인 슐튜테에는 사탕, 캔디, 펜, 장난감, 책 따위가 들어 있다. 간혹 아이 키만큼 큰 슐튜테도 있다.

옥토버페스트

뮌헨을 중심으로 열리는 옥토버페스트는 맥주와 포도주 축제

양조장 모양의 행진용 수레에 타고 있는 사람

이다. 9월 말부터 10월 첫째 일요일까지 16일 동안 열리는 유럽 최대의 민속축제이다. 이 축제는 바이에른의 왕자 루트비히와 작스힐드부르크하우젠의 테레제 공주가 혼인하면서 시작되었다. 두 사람의 결혼 축하연이 열리는 동안, 사람들은 테레지엔비제라는 이름의 들판에 설치한 대형 천막 안에서 맥주와 포도주를 마셨다. 옥토버페스트 기간에는 레더호젠(가죽바지)을 입은 남자들과 디른들(소매가 없는 점퍼 스커트식의 전통 여성복)을 입은 여자들이 눈에 띌 것이다. 또 힘센 짐마차용 말이 끄는 맥주 마차 행렬인 트라흐텐페스트를 구경할 수 있을 것이다.

연례 견본시장

독일의 중요한 전통 가운데 하나는 메세라는 이름으로 불리는 연례 견본시장이다. 메세는 산업 박람회나 수공예품 전시회로 구분된다. 각 지역의 농업 특산물을 거래하던 전통적인 농촌 시장에서 유래했다. 요즘도 독일의 많은 도시에서는 매주 농수산물 시장이 열린다. 특히 함부르크의 생선 시장이 유명하다.

메세할레(산업 박람회장)는 여러 대도시의 명소 중 하나이다. 독일에서 열리는 몇몇 대규모 연례 견본시장은 국제적인 행사로 성장했다. 프랑크푸르트 도서 박람회는 10월에, 세계 유수의 산업기술전시회인 하노버 박람회는 4월에 열린다.

공동의 이익은 예로부터 독일인들이 무리를 지어 힘을 합친 중요한 이유였고, 독일의 역사는 분열된 도시와 국가 간 연대가 반복적으로 형성되는 과정으로 점철되었다. 도시나 국가 간 연대는 고립에 따른 안보 불안을 어느 정도 해소하는 데 보탬이 되었다. 앞서 살펴봤듯이 그런 연대의 결과물 중 하나가 바로 북해와 발트해 연안의 주요 항구들이 무역 활동을 조율할 목적으로 결성한 연합체인 한자동맹이다.

가족 행사

【 생일 】

독일에서는 자기 생일에 케이크나 캔디를 직장으로 가져가 동료들과 나눠 먹거나 손님들을 집으로 초대해 대접하는 것이 일반적이다. 손님은 생일을 맞은 주인공과 악수하거나 축하 인사를 전하기만 해도 되겠지만, 아마도 꽃다발이나 작은 선물을 갖고 가는 편이 좋을 것이다. 다만 누군가의 생일이 다가오기 전에 미리 선물을 주지는 말도록 유의해야 한다. 독일인들은 생일 선물을 미리 받으면 운수가 나쁘다고 여긴다.

【 결혼식 】

예비 신부나 신랑이 친구들과 함께 마지막 자유의 밤을 누리기 위해 여는 파티는 최근에서야 독일에서 찾아볼 수 있게 되었다. 전통적인 풍습에 따르면 신부와 신랑은 신부의 집에 친구들을 초대해 폴터아벤트라는 즐거운 사교모임을 연다. 폴터아벤트의 가장 중요한 볼거리는 참석자들이 각자 가져온 그릇이나 접시를 깨트리는 장면이다.

　　결혼식 당일, 신랑의 친구들은 결혼식이 진행되는 도중에

폴터아벤트에 참석한 하객들

잠시 신부를 몰래 납치해 데려가는 경우도 있다. 또 결혼반지
는 오른손 세 번째 손가락에, 약혼반지는 왼손 세 번째 손가락
에 낀다는 사실을 기억하기 바란다.

가족 모임

대다수의 미국인과 영국인에게 추수감사절이나 크리스마스는
대가족 전체가 함께 모이는 날을 의미한다. 그런데 독일에서는
크리스마스 전날에 직계가족만 모인다. 대신 1년에 한두 번씩
대가족이 함께 만나 즐기는 모임을 중요하게 여긴다.

역사적 기념행사

독일에서 맛볼 수 있는 여러 즐거움 중 하나는 역사적 사건을 기념하는 행사이다. 여름에 라인강을 따라 내려가다 보면 어떤 성이 약탈을 당해 불타는 과정을 재연하는 송에뤼미에르 (소리와 빛을 이용해 역사적 사건을 보여주는 쇼)와 불꽃놀이를 즐길 수 있다. 패배는 승리만큼 기념할 만한 가치가 있는 일인 셈이다! 하지만 더 중요한 볼거리는 오버라머가우에서 공연되는 그리스도 수난극 같은 대규모 행사이다.

오버라머가우는 신기한 일이 벌어진 곳이다. 1634년, 바이에른 지방 마을 오버라머가우에 페스트가 들이닥쳤다. 마을 사람들은 하느님에게 기도했고, 목숨을 살려주면 10년마다 한 번씩 추수감사절에 수난극을 공연하겠다고 맹세했다. 그렇게 그들은 살아남았고, 약속을 지켰다. 그때부터 10년에 한 번씩 (전쟁 기간은 제외하고) 오버라머가우에서 무대에 오른 수난극은 중요한 문화행사로 탈바꿈했다. 오늘날은 모든 배역을 마을 사람들이 직접 연기하고, 수난극은 5일 동안 열리는 축제 기간에 공연된다. 수난극은 오버라머가우의 역사와 주민들의 계승의식에, 그리고 연극과 기념행사의 의의에 바치는 탁월하고 감동적인 선물이다.

종교

독일에는 국교가 없지만, 전체 인구의 70%가 기독교인이다. 가톨릭교도와 개신교도의 인구는 거의 비슷하다. 독일인들의 신앙심은 다른 유럽 사람들과 별반 다를 것 없지만, 일정한 자선활동에 대해 국가가 교회에 보조금을 지급한다. 보조금의 재원은 각 종교단체에 소속된 사람들(신자들)이 소득의 8%(바이에른주와 바덴뷔르템베르크주의 경우)나 9%(나머지 모든 주의 경우)를 의무적으로 납부하는 종교세(키르켄스토이어)이다. 따라서 실제로 교회를 다니지 않는 사람도 신자로 등록되어 있으면 종교세를 내야 한다.

독일의 기독교 전통은 뿌리 깊다. 서기 800년 카롤루스 대제는 신성로마제국의 황제 자리에 오르며 기독교를 강요했고, 그런 분위기는 독일의 여러 국가들이 로마와 맺은 밀접한 관계를 통해 굳어졌다. 독일 북동부 지방은 가장 유명한 기독교기사단 중 하나인 튜턴기사단의 본거지였다. 튜턴기사단은 발

트해 지역의 이교도들을 개종시키는 것을 사명으로 삼았다. 튜턴기사단이 승승장구하자 유럽 도처에서 기사들이 몰려와 성전에 동참했다. 튜턴기사단은 1525년에 단장이 개신교로 개종하면서 해산했다.

1517년에 마르틴 루터가 비텐베르크 어느 교회의 문에 가톨릭교회의 잘못을 지적하는 반박문을 붙여 종교개혁의 불씨

헤센주의 도시 림부르크를 굽어보고 있는, 높이 솟은 성게오르그 대성당

를 당겼을 때, 독일은 완전한 개신교 국가가 될 수도 있었을 것이다. 그러나 신성로마제국 황제와 몇몇 개신교 국가 간의 30년전쟁이 벌어지는 동안, 독일 남부의 국가들은 로마에 대한 충성심을 드러냈다. 그 뒤로 지금까지 독일 남부는 가톨릭교가 우세한 지역으로 남아 있다.

　신성로마제국 황제라는 직책은 종교적이면서도 세속적인

성격을 띠었고, 그 직책을 수행하는 사람은 교회의 이익을 지켜야 했다. 30년전쟁이 벌어질 무렵, 신성로마제국 황제는 더 이상 선거로 뽑히지 않게 되었고, 결국 합스부르크왕가가 황제 자리를 독점하게 되었다. 그 결과 신성로마제국은 1806년에 해체될 때까지 오스트리아, 그리고 합스부르크왕가의 영토(헝가리, 보헤미아, 남동유럽 등지)를 기반으로 삼게 되었다. 신성로마제국 특유의 신비로움은 고대 로마제국의 고풍스러움과 가톨릭 신앙, 그리고 교황에 대한 충성심을 절묘하게 연결한 데서 비롯되었다. 그러나 오스트리아와 대조적으로 독일의 많은 지역에서는 16세기부터 신성로마제국의 권위가 무의미해졌다.

중동과 북아프리카에서 독일로 건너오는 이주자들이 늘어남에 따라 이슬람교 인구가 증가했다. 독일에 거주하는 이슬람교 인구는 전체 인구의 약 5%로 추정된다. 과거 독일의 이슬람교 인구는 대부분 터키를 비롯한 나라 출신의 '가스타르바이터(손님 노동자)'로 이뤄져 있었다. 그런데 최근 들어 이슬람교 난민들과 이주 노동자들의 유입으로 그 규모가 커졌다. 터키 대통령 레제프 타이이프 에르도안은 독일에 이슬람교 사원을 짓는 데 열중하고 있고, 현재 터키 정부는 독일에 있는 이슬람교 사원 900개 이상을 관리하고 있다.

04

친구 사귀기

영어권 사람들이 직장과 사교생활을 쉽게 결부시키는 것에 비해, 독인은 그렇지 않다. 독일인들은 직장생활과 사교생활이 분명하게 구분되어 있고, 직장에서 사생활 문제를 논의하거나 사적인 자리에서 업무를 다루는 것을 바람직하지 않게 여긴다. 그들은 깜짝 놀랄 정도로 서로의 사생활에 아는 바가 거의 없다.

직장생활과 사교생활

영어권 사람들은 직장생활과 사교생활을 아주 쉽게 결부시킨다. 그들은 칵테일파티에서 일 얘기를 하거나 직장 동료들과 사적으로 어울리는 것을 당연시한다. 그런데 최근까지 독일에서는 그렇지 않았다. 독일에서는 직장생활과 사교생활이 분명히 구분되었고, 직장에서 사생활 문제를 논의하거나 사적인 자리에서 업무 문제를 다루는 것을 바람직하지 않게 여겼다. 예전에 독일 회사에서 일한 미국인들과 영국인들은, 25년 동안 함께 일한 독일인 직원들끼리 성이 아닌 이름을 함부로 부르지 않거나 '너'나 '자네'라는 뜻의 허물없는 인칭대명사인 'du'를 쓰지 않는다는 점, 그리고 독일인 직원들이 서로의 사생활에 관해 거의 아는 바가 없다는 점에 깜짝 놀랐다. 요즘에는 분위기가 좀 풀렸지만, 아직 기본적인 틀은 남아 있다. 특히 나이 많은 사람들 사이에서는 더욱 그렇다. 직장 동료들과 친구로, 심지어 연인으로 지내는 데 익숙한 사람들에게 직장생활과 사교생활의 분리는 무척 곤혹스러울 수 있지만, 독일인들에게 그런 구분은 완전히 자연스러운 것이다. 간단히 말해, 독일인에게는 우리와 다른 체계가 있는 셈이다.

독일인들에게 우정이란 꽤 특별한 무언가를 의미한다. 우정은 독일인들이 가볍게 쓰는 말이 아니다. 대다수 독일인들은 소규모의 긴밀한 친교관계와 비교적 폭넓은 지인관계를 맺고 있다. 독일인들의 우정은 일반적으로 학교와 대학교에서 형성되고, 흔히 지역을 기반으로 맺어진다. 미국인과 영국인은 독일인에 비해 많은 친구를 두는 경향이 있지만, 미국인과 영국인의 친교관계는 독일인보다 더 느슨한 경우가 많다. 독일인은 미국인과 영국인보다 친구를 훨씬 더 천천히 사귀지만, 일단 사귀게 되면 더 긴밀하고 오랫동안 우정을 유지한다. 그러므로 독일을 방문하는 사람들은, 독일인 친구를 금방 쉽게 사귈 수

슈레버가르텐을 가꾸는 모습

없다는 점과 직장에서는 우정을 맺을 수 없다는 점을 깨달아
야 한다. 아울러 독일인들은 사적인 삶과 공적인 삶을 별개로
여긴다는 점을 명심해야 한다.

그렇다면 어디서 독일인을 만나고, 어떻게 그들과 사귈 수
있을까? 독일인들은 업무시간에 열심히 일하지만, 그 밖의 시
간에는 열심히 놀기도 한다. 많은 독일인들이 무척 건강하다.
스포츠클럽과 여가활동은 독일인의 생활방식에서 중요한 역할
을 한다. 정원 가꾸기는 인기가 아주 높고, 도시의 아파트 거
주자들은 작은 정원인 슈레버가르텐을 가꾸는 데 몰두할 수도
있다. 독일의 모든 지역에는 운동 구역과 조깅 트랙이나 산책로

바비큐 지정구역인 그릴플라츠

가 딸린 오솔길이 있다. 일요일 오후 산책이라는 뜻의 '존탁스 슈파치어강'은 독일인의 중요한 습관이다. 여름의 야외활동으로는 축구와 야외공연 관람을 들 수 있다. 공원과 숲에는 가족들과 친구들이 바비큐 파티를 열 수 있는 장소인 그릴플라츠도 있다.

독일의 근무시간은 근로시간법을 근거로 삼는다. 근로시간법에 의하면 노동자는 주당 40시간 일하고 매주 일요일과 국가 공휴일에 쉰다. 6개월 동안 허용될 수 있는 최대 근무시간은 주당 48시간이다.

1일 근무시간은 회사별로 차이가 있지만, 대다수 회사에서는 하루 8시간 일하고, 점심시간이 따로 있다(일부 회사의 점심시간은 무척 짧다).

대부분 월요일부터 금요일까지 일하지만, 제조업과 소매업의 경우 토요일에도 일할 수 있다. 2013년의 장관 훈령에 따르면 공무원들은 휴식과 회복에 필요한 시간을 확보하는 차원에서 주말에는 일하지 말고, 업무 관련 전자우편도 열어보지 말아야 한다.

독일인들은 여행을 무척 즐긴다. 여기에는 휴가 권리를 폭넓게 인정해주는 사회적 분위기도 한몫한다. 대다수 기업은 직원이 주당 6일을 일하는 경우에는 1년에 24일의 휴가를, 주당 5일을 일하는 경우에는 20일의 휴가를 준다. 1년에 25일 내지 30일의 휴가를 주는 기업들도 많다.

인사말

절친한 친구와 단순한 지인을 구별하는 성향은 인사말에서 드러난다. 요즘 미국인들과 영국인들은 손짓이나 고개 끄덕이기, 그리고 "안녕[Hi]" 같은 간단한 말을 통해 아주 허물없이 인사하는 방식에 점점 더 익숙해지고 있다. 그리고 초면에도 성이 아닌 이름을 부르는 경우도 많아지고 있다. 독일인들이 아직 인사를 할 때 격식을 어느 정도 따진다는 점을 명심해야 한다. 독일에서는 만날 때와 헤어질 때 악수를 나누는 것이 일반적이고, 이름이 아닌 성이나 직함을 부르는 것이 보통이다. 과거에는 업무차 만나는 자리에서 직함을 불러주는 것뿐 아니라 학위의 숫자도 드러내주는 것이 중요하곤 했다. 가령, 'Herr Professor Dr. Dr. Schmidt'라는 호칭은 박사 학위 2개가 있는 슈미트 교수님이라는 뜻이다. 독일에서 사람들을 처음 만날 때는 일단 격식을 기본으로 삼고, 어떤 호칭을 쓰면 좋을지 상대방에게 물어보면 된다. 그러나 독일의 젊은이들은 이처럼 엄격한 의례를 답답해하고, 격식에서 점점 벗어나고 있다.

상대방을 어떻게 부를지 판단할 때는 상대방에게 어느 정도의 존경심을 표현해야 하는지 잘 알아야 한다. 독일인들은 이 부분을 중시한다. 모쪼록 이러한 점을 놓치지 말기 바란다. 미국인들은 되도록 빨리 격식 없이 인사하려고 한다(요즘은 영국인들도 그렇다). 반면에 독일인들은 비교적 격식을 따지는 인사법을 지키려고 하고, 훨씬 오랫동안 알고 지내다가 인간관계를 맺는 경향이 있다.

'너'와 '당신'

유럽의 여러 언어들과 마찬가지로 독일어에서는 2인칭 단수 대명사와 2인칭 복수 대명사가 구분될 뿐 아니라, 딱딱한 2인칭 대명사와 편안한 2인칭 대명사도 구분된다. 독일어에서 편안한 2인칭 대명사는 du이다. du는 가족이나 친한 친구에게만 쓴다. 딱딱한 2인칭 대명사인 Sie는 가족이나 친한 친구 외의 모든 사람에게 쓴다. 영어에는 그런 구분이 없기 때문에 독일어를 쓸 줄 아는 영어권 사람들은 편안한 2인칭 대명사인 du를 되도록 빨리 쓰게 되는 경향이 있을 것이다. 하지만 독일에서 그렇게 하면 곤란하다. 누군가에게 이름을 부르며 인사하고 2인칭 대명사 du를 쓰면 무례하고 건방진 사람으로 보일 수 있다. 그런데 요즘 학생들 사이에서, 그리고 독일 현지의 일부 외국계 회사에서(특히 영어로 의사소통하는 경우)는 서로 이름을 부르거나 심지어 du를 써도 무방하다. 하지만 역시 잘 모를 때는 Sie를 쓰고 성을 부르는 편이 좋다.

· 역문화충격 ·

로자는 허물없는 분위기의 영국에서 4년간 일하다가 독일로 돌아왔다. 귀국한 지 4주가 지났는데 어느 친한 직장 동료가 딱딱한 호칭인 Sie 대신에 편안한 호칭인 du를 쓰면 어떻겠냐고 물었다. 로자는 거절했다. 그 동료와 아주 오랫동안 알고 지낸 사이가 아니었기 때문이다. 그런데 로자는 개인적으로 무척 놀랐다. 4년이나 해외에 있었는데도, 딱딱한 호칭인 Sie가 아직도 자기 머릿속에 오랫동안 뿌리 깊이 박혀있었던 것이다.

그런데 독일인은 외국인과 어울릴 때 딱딱한 인사법과 편안한 인사법을 능숙하게 오간다. 독일인끼리 있을 때는 딱딱한 인사말을 나누고 성을 부르겠지만, 외국인을 상대할 때는 흔쾌히 이름을 부르고 심지어 친근한 느낌의 du도 쓴다.

상점에서의 인사말

이처럼 격식을 차리기는 해도, 상점에서는 비교적 편안한 인사말이 쓰인다. 독일 서부 지방의 경우 손님이 오면 자동적으로 "구텐 탁Guten Tag (안녕하세요)"이라고 말할 것이다. 바이에른주의 상점에서는 "그뤼스 고트Grüß Gott (안녕하세요)"라며 손님을 맞이할 것이다. 그리고 손님이 떠날 때는 "아우프 비더젠Auf Wiedersehen (또 봐요)"이라고 말할 것이다. 여러분도 똑같이 인사하면 된다.

외국인에 대한 태도

전반적으로 독일인은 외국인에게 호감을 드러내고 친절하다.

특히 외국인 관광객들이나 사업가들에게 우호적이다. 외국인이 독일어로 인사를 하려고 애쓰려고 하면, 그 모습을 뿌듯하게 바라볼 것이다. 인사를 주고받을 때만이라도 독일어를 몇 마디라도 쓰려고 애쓰면 효과가 있을 것이다. 더 나은 대접을 받을 수 있기 때문이다. 실수를 해도 괜찮다. "영어를 할 줄 아세요?"라는 외국인의 질문을 받을 경우 쌀쌀맞게 반응할 법한 독일인도, 외국인이 독일어로 "실례하지만, 영어 할 줄 아세요?"라고 물으면 기꺼이 영어로 대답해줄 것이다. 보통 "조금 할 줄 압니다"라고 대답하겠지만, 사실 대다수 독일인들은 영어를 꽤 잘 구사하고 이해한다.

아마 과거의 역사적 교훈 때문이기도 하겠지만, 오늘날의 독일인들은 대체로 예의 바르고 개방적이며 외국인에 대한 폭력이나 인종차별 행위가 일어나지 않도록 무척 신경을 쓴다. 불만을 품은 젊은이들이 외국인 노동자들을 공격하고 우파나 나치의 표어를 자랑하듯 내걸며 소동을 피우지만, 대부분 독일인과 대다수 외국인의 공감을 얻지 못하고 있다.

클럽 활동

독일에서 친구를 사귀는 제일 좋은 방법은 클럽 가입이다. 독일인들은 클럽을 통해 여가에 대한 관심을 채우기를 좋아한다. 자기가 관심 있어 하는 분야를 확인한 뒤, 그 관심을 채워줄 만한 클럽을 물색하면 된다. 마을회관이나 도서관에는 클럽 명단이 있을 것이다. 주요 도시들에는 국적별 외국인 클럽이 있을 것이다. 주독일 외국인과 독일 현지인 모두 가입해 활동할 수 있다. 대사관 클럽, 미국인 남녀 클럽, 영불 클럽, 국제남녀 클럽, 키와니스 클럽, 라이온스 클럽, 로터리 클럽 등이

노르트라인베스트팔렌주 데트몰트의 시민대학 소속 악단

있다. 인터내셔널토스트마스터스International Toastmasters(의사소통 및 대중연설 기술과 지도력 향상을 도모하는 미국의 비영리 교육기관 - 옮긴이)에 가입해 활동해도 좋다. 꼭 독일인이 아니어도 새로운 친구를 사귀는 또 다른 방법은 독일어를 배우는 것이다. 독일어를 가장 저렴한 비용으로 배울 수 있는 방법은 독일의 성인교육기관인 폴크스호흐슐레(시민대학)에 등록하는 것이다.

손님 초대

독일인들은 쉽사리 자기 집에 손님을 초대하지 않는 편이다. 그러므로 누군가의 집에 초대를 받는 것은 특별한 일이고, 초대에 응하는 것이 중요하다. 약속 시간보다 10분 내지 15분 늦게 도착하는 편이 좋다. 그보다 더 늦으면 곤란하다. 약속 시간보다 먼저 도착하는 것은 결례로 여겨진다. 미국인이나 영국인과 달리, 독일인은 아마 손님에게 집을 구경시켜주지 않을 것이다. 그래도 손님이 방문하니까 미리 집 전체를 깨끗하게 청소하고 정리해둘 것이고, 가장 좋은 도자기와 식사용 도구를 준비하고 맛있는 음식을 내놓을 것이다.

손님 접대

여느 나라들과 마찬가지로 독일에도 다양한 손님 접대 관례가
있다. 독일인들은 토요일이나 일요일 오후 4시쯤에 손님을 초
대해 '카페와 쿠헌(커피와 페이스트리)'을 함께 먹곤 한다. 이때 손
님들은 자리를 잡고 앉아 커피나 차를 마시고 독일식 페이스
트리를 먹으며 두어 시간 동안 편안한 대화를 나눈다.

저녁 식사 약속 시간은 여러분 생각보다 빠를 것이다. 보통
은 오후 6시 30분이나 7시이다. 약속 시간을 꼭 지키기 바란
다. 그런데 손님이 너무 일찍 자리를 뜨는 것은 결례로 여겨진
다. 밤 11시쯤이 적당하다. 저녁 식사 도중에는 건배를 할 것이
다. 첫 번째 건배가 끝날 때까지 잔을 들고 있는 것은 결례이
다. 일반적으로 건배를 많이 한다. 포도주를 마시기 전에는 사
람들의 눈을 똑바로 쳐다본다. 흥겹고 편안한 분위기 속에서
도 격식을 따지는 순간인 것이다. 포도주를 마실 때의 건배사
는 "춤 볼Zum wohl"이고, 맥주를 마실 때는 "프로스트Prost"이다.

식사 후 손님들은 느긋하게 앉아 얘기를 나눈다. 이것을 운
터할퉁(즐거운 대화)이라고 부른다. 운터할퉁은 저녁 모임의 중요
한 부분이다. 약속 시간이 저녁 8시 30분이면 저녁 식사에 초

대된 것이 아니라고 여기면 된다. 아마 식사 후에 즐기는 커피
와 치즈를 먹게 될 것이다.

점심 식사 자리에 앉아 있으면 "말차이트^{Mahlzeit, 원래는 Gesegnete}
^{Mahlzeit}"라는 인사말이 들릴 것이다. 이는 "맛있게 드세요"라는
뜻이다. 이때는 "말차이트"나 "당케^{Danke(고맙습니다)}"라고 대답하
면 된다.

선물하기

선물 증정을 둘러싼 복잡한 관례가 있는 나라들이 많다. 독일은 그렇지 않다. 독일에는 동료들에게 선물을 주지 않는다. 직장에서 정체를 밝히지 않은 채 동료들에게 크리스마스카드나 선물을 주는 '비밀 산타'는 있을 수 없다. 사업상의 거래가 성사된 뒤 조그만 선물을 주고받는 경우에도 회사 로고가 찍혀 있으며, 액수가 25유로 넘는 선물은 금지된다. 향수나 보석 같은 은밀하고 개인적인 선물은 부적절하다. 그런 선물은 가족이나 절친한 친구에게 주는 것이다. 그리고 독일에는 뾰족한 물건을 선물하지 않는 미신이 남아 있다.

누군가의 집에 초대받았을 때는 선물을 갖고 가면 좋다. 포도주는 정말 특별한 포도주일 경우에만 갖고 가기 바란다. 독일인들은 독일산 포도주에 대해 잘 알고 있고, 대부분 훌륭한 저장실을 갖고 있기 때문이다. 질 좋은 초콜릿은 언제나 환영받는 선물이다. 꽃도 마찬가지이다. 백합과 국화(장례식을 연상시킨다), 그리고 붉은 장미(연인들을 위한 꽃이다)는 피하기 바란다. 꽃송이 수는 홀수가 좋지만, 짝수라도 6과 12는 무방하고, 13은 홀수라도 불길한 것으로 여겨진다. 독일의 도시들에는 꽃집이

많다. 꽃집 주인들은 각 행사에 어울리는 꽃의 종류와 꽃다발의 크기를 흔쾌히 알려줄 것이다. 초대를 받은 사람이 초대한 사람에게 꽃을 건네기 전에 먼저 포장을 풀어야 하고, 포장지는 거실 탁자에 남겨두는 것이 관례이다! 꽃을 더 간편하고 환경친화적으로 선물하는 방법은 꽃을 포장하지 말고 그냥 한데 묶는 것이다.

선물 포장과 관련해 주의할 점이 있다. 독일인들은 깔끔한 포장을 선호한다. 능숙하게 포장할 줄 모르면 선물을 살 때 점원들에게 포장을 부탁하면 된다. 비분해성 포장은 피하기 바란다. 독일인들은 생태의식이 무척 강하다.

매너가 사람을 만든다

영어권 나라들에서는 거의 사라진, 몇몇 사회적 관습이 독일과 오스트리아의 일부 지역과 중앙유럽에 여전히 남아 있다. 남자들은 중요한 인물이나 여성이나 연장자가 방에 들어올 때 존중의 의미로 자리에서 일어날 것이다. 그리고 술집이나 식당에 들어갈 때 여성보다 먼저 입장하고, 여성이 코트를 벗을 때 도와주고, 여성을 위해 문을 열어 잡아줄 것이다. 또 실외에서는 자동차가 다니는 길에 가까운 쪽이나 여성의 왼쪽에서 걸어가기를 좋아할 것이다. 실제로 이런 모습을 보게 된다면 허세가 아니라 전통적인 예절로 받아들이기 바란다.

05

일상생활

보통 독일인들은 올곧고, 엄격하고, 조직적이며, 뻣뻣한 사람들로 통한다. 반면에 가정생활에 서는 느긋하고 따뜻한 태도를 보인다. 앞에서도 독일을 한 번이라도 방문한 사람들을 잘 알 고 있겠지만, 독일인들은 공적인 일과 사생활을 엄격하게 구분한다. 그런데 자기 집에 초대한 손님들은 유쾌하고 너그럽고 친절하고 재미있게 대접한다. 이 같은 역설은 어떻게 해서 생기 는 것일까?

독일인들은 올곧고, 엄격하고, 조직적이며, 뻣뻣한 사람들로 통한다. 하지만 가정생활에서는 느긋하고 따뜻한 태도를 보인다. 독일을 방문한 사람들은 다들 알고 있는 사실이겠지만, 독일인들은 공적인 일과 사생활을 엄격하게 구분한다. 그런데 자기 집에 초대한 손님들은 유쾌하고 너그럽고 친절하고 재미있게 대접한다. 이 같은 역설은 어떻게 생기는 것일까?

고향

유럽의 여러 나라들처럼 독일도 지역주의적 색채가 짙은 나라다. 미국도 그렇다. 영국은 덜한 편이다. 독일인은 자기 지역과 고향에 애착이 강하다. 고향은 부모가 살았던 곳, 자기가 자란 곳, 가까운 친구들이 살고 있는 곳이다. 혹은 배우자와 인척들의 출신지일 수도 있다.

대략 서른 살 이상의 독일인들은 또래의 미국인이나 영국인에 비해 직장을 옮기는 경우가 훨씬 적다. 그들은 고향 인근의 직장을 선호한다. 독일의 어느 일류 보험회사가 콜센터 숫자를 45개에서 5개로 대폭 줄이도록 결정하자 인력 재배치가 문제

헤센주의 도시 홀슈타인에 있는 초가집

• 귀향 •

전형적인 젊은 부부인 아힘과 콘스탄츠는 마인츠 근처의 라인강을 굽어보는 구릉지대에서 성장했다. 콘스탄츠의 부모는 지금도 그곳에 포도밭을 갖고 있다. 아힘과 콘스탄츠는 마인츠의 어느 회사에서 함께 일한다. 두 사람은 세계 각지로 출장이나 파견 근무를 나가고, 여행을 좋아한다. 그러나 언젠가는 마인츠로 돌아와 정착하고 싶어 한다. 그리고 자녀들도 본인들처럼 애향심을 지니기를 바란다.

로 떠올랐고, 콜센터에 근무하던 다수의 직원들이 다른 곳으로 옮기는 대신 자발적 퇴사를 선택했다.

독일 각 지방은 고유의 특색이 있다. 라인란트 주민들은 후한 인심으로 유명하다. 반면에 슈투트가르트 주변의 슈바벤 지방에 사는 사람들은 옳은 평가인지 잘못된 평가인지 몰라도, 검소함으로 유명해 독일의 '스코틀랜드인'으로 불린다. 동부 지방인 메클렌부르크 주민들은 과묵하고, 바이에른 주민들은 무척 느긋하고 너그럽다는 평이 있다.

독일에는 유럽의 다른 나라들에 비해 자택 보유율이 낮다. 독일인의 43%가 자기 집을 갖고 있다. 대다수 사람들은 셋집에 살고, 순수입의 25~33%를 주거비로 쓴다. 세입자들은 상당한 법적 보호를 받을 수 있기 때문에 집주인들은 이모저모 까다롭게 따지며 세입자를 들인다.

독일의 주택과 아파트는 잘 꾸며져 있고, 독일인들은 아주 열심히 집안을 정리한다. 집안뿐 아니라 집 밖의 환경에도 신경 쓴다. 독일의 자택 소유자는 법적으로 집 부근의 길을 깨끗이 쓸거나 눈을 치워야 할 의무가 있고, 일반적으로 아파트 주민들도 순번을 정해 근처의 길을 청소하고 관리한다.

이런 공동체의식은 다양한 집안일에까지 확대된다. 그중 하나는 공동 세탁시설을 사용하는 것이다. 여러 아파트 단지의 지하실에는 공동 세탁기와 건조기가 있고, 주민들은 순번 규정에 따라 사용한다. 요즘은 자기 집에 세탁기와 건조기가 있는 주민들이 많다. 하지만 그렇지 못한 주민은 자기 차례가 아닌데도 세탁기가 필요할 경우, 원래 차례인 주민의 양해를 구해야 한다.

· 공동체 생활 ·

사회적 인식은 독일인의 일상생활에 깊이 뿌리를 내리고 있고, 소음과 쓰레기 배출 같은 온갖 문제에 영향을 준다. 독일에서 지켜야 하는 소음금지 시간은 월요일부터 토요일까지는 오후 1시부터 오후 3시까지, 그리고 저녁 10시부터 이튿날 아침 7시까지이고, 일요일에는 온종일이다. 일요일에는 잔디를 깎거나 세차를 하거나 소란을 피우지 말아야 한다. 법적으로 거리에 주차된 자동차는 세차할 수 없도록 규정되어 있다. 또한 저녁 10시 이후에 음악을 크게 연주하거나 기계를 사용하는 등, 이웃들에게 방해가 될 만한 과도한 소음을 내는 행위는 법적으로 금지된다. 그렇게 하지 않도록 조심해야 한다. 만약 그렇게 하면 짜증이 난 이웃이 아니라 신고를 받은 경찰이 먼저 찾아올 것이다. 파티를 열 때는 미리 이웃들에게 양해를 구하기 바란다.

생태의식

독일은 유럽에서 생태의식이 가장 높은 나라 중 하나이고, 이 점은 쓰레기 수거와 재활용 실태에서 분명히 드러난다. 여러 색깔의 봉지와 쓰레기통이 다양한 형태의 생활 쓰레기를 재활용하는 데 쓰인다. 일부 외국인들은 이렇게 복잡한 처리 방식을 쉽게 받아들이지 못한다. 그리고 자기 집에서 나온 쓰레기를 처리하는 최선의 방법을 선택할 권리가 침해되었다고 느끼는 사람들이 반감을 품을 수도 있다. 그러나 독일인의 공공질서의식은 철두철미하다. 심지어 쓰레기를 제대로 처리하지 않은 사람에게 한마디 하는 이웃이 있고, 엉뚱한 봉투에 담긴 쓰레기를 가져가지 않으려는 쓰레기 수거반이 있을 정도이다. 거부할 수 없으면 차라리 받아들일 수밖에 없는 셈이다!

생태의식은 슈퍼마켓까지 확대된다. 손님들은 대부분 장바구니를 갖고 온다. 장바구니는 대체로 비닐이 아니라 아마포로 만든 것이다. 비분해성 포장재인 비닐은 금기시되고, 가정이나 기업에서 쓰이지 않는다.

생활 여건

독일 도심의 아파트는 미국인과 영국인에게 작게 느껴질 수 있다. 독일 아파트에는 주방 한구석에 가족끼리 식사하는 공간이 있고, 거실에 손님과 함께 식사하는 공간이 또 있는 경우가 많을 것이다. 방은 비교적 작고, 서로 다닥다닥 붙어 있다. 물론 일반 주택에는 방이 더 많이 있고, 크기도 더 클 것이다. 19세기와 20세기 초반에 지어진 바이에른주의 아파트와 일반 주택과 샬레풍 주택(알프스 지방의 전형적인 목조 주택-옮긴이)은 아주 널찍할 수 있다.

공간이 부족한 점은 생활방식에 몇 가지 제약으로 작용할 수도 있다. 예를 들어 복도에 자전거를 세워두지 못할 수도 있다. 사실 복도는 늘 청결하게 관리해야 하고, 세입자는 집주인에게 어떤 점을 주의해야 하는지 물어봐야 한다. 파티를 열 때면 이웃들에게 미리 알려야 한다. 되도록 이웃들을 초대하기 바란다. 이웃들에게는 공손한 태도가 바람직하다. 너무 친밀한 태도는 바람직하지 않다. 주제넘게 나서거나 지나치게 친절하지 않도록 유의해야 한다.

【 가구 설치 】

아파트에 잠시 세를 들어 살기로 결정했다고 치자. 이때 별도의 언급이 없는 한 아파트에 가구가 비치되지 않는다는 점을 알아야 한다. 임대 광고에서 일반적으로 쓰이는 용어를 꼭 익혀둬야 한다. 독일에서 '가구 없음'은 그야말로 가구가 하나도 없는 휑한 방을 가리키는 말이다. 일반적으로 떠나는 세입자들은 가벼운 이동식 비품과 수도꼭지를 가져간다. 기존의 세입자가 떠난 아파트에 들어가 보면 싱크대, 욕실 설비, 가벼운 고정식 비품 따위가 있을 것이고(이동식 비품은 없을 수도 있다), 조리용 레인지가 있는 경우도 많다. 냉장고가 반드시 있지는 않을 것이다. 다행인 점은, 모든 아파트의 상태가 새것처럼 양호하다는 사실이다. 중앙난방이 갖춰져 있고 물도 잘 나온다.

새 아파트에 가구를 설치하는 비용을 제외한 별도의 비용이 있다. 부동산 중개업자들은 보통 3개월의 집세를 미리 달라고 요구할 것이다. 대신 중개업자들은 아파트 임대와 관련한 온갖 일을 처리해주고 법적 문제까지 신경 써줄 것이다(독일에서는 부동산 임대 관련 법적 절차가 복잡할 수 있다). 세입자는 보증금인 카우치온을 추가로 내야 한다. 보증금은 나중에 계약이 끝나고 떠날 때 되돌려받을 수 있는데, 보통은 월세의 3배 정도에 해당한다.

집주인에게 내야 하는 공과금(네벤코스텐)도 있다. 공과금에는 난방비가 포함되지만, 가스요금과 전기료, 그리고 전화요금은 집주인이 아니라 슈타트베르케(독일의 지자체 에너지회사 – 옮긴이)와 텔레콤(독일 통신회사 – 옮긴이)에 각각 납부해야 한다. 그래도 다행인 건 독일의 세입자 보호법이 무척 강하고, 부동산 중개업자들이 법적인 문제를 처리해준다는 사실이다. 계약기간이 끝나 떠날 때 세입자는 집주인의 법적 요구사항을 충실히 이행하고, 기존에 이용하던 공공서비스를 모두 취소해야 한다. 이 점을 잊지 말아야 한다. 그렇게 하지 않으면 불쾌한 기억이 오랫동안 남을 수도 있다.

중앙난방은 아파트 단지에서 관리하겠지만, 아파트 입주자가 개별적으로 조절할 수 있다. 그리고 대다수 주택의 창에는 효과적인 단열재가 설치되어 있을 것이다.

미국인들은 늘 유럽의 냉장고 크기가 불만이다. 웨스팅하우스(미국의 가전제품회사 – 옮긴이)의 냉장고를 수입해 쓰거나 작은 냉장고에 적응할 수밖에 없다. 그나마 좋은 점은 독일인들이 1주일에 한 번씩 식료품을 왕창 사들이지 않고 평소에 규칙적으로 구입하는 데 익숙하기 때문에, 냉동용 냉장고와 식품 보관용 냉장고가 따로 있다는 사실이다.

【각종 기기】

독일에서는 미터법이 쓰인다. 독일에 거주하는 많은 외국인들은 독일 현지의 가전제품을 구입해 쓰다가 나중에 독일을 떠날 때 되파는 방식을 선호한다. 특히 침대 시트와 베갯잇 같은 물건이 그렇다.

영국산이나 미국산 전기제품을 독일에서 쓰려면 독일의 전기 시스템에 적합한 어댑터 플러그가 필요하다. 특히 미국산 전기제품을 쓰려면 전압 어댑터도 필요할 것이다. 독일은 전압이 230볼트이고 주파수가 50헤르츠인데 미국은 110볼트, 60헤르츠이기 때문이다. 원래 쓰던 텔레비전을 갖고 독일로 건너온 사람들은 유의해야 한다. 독일에서 쓰이는 PAL 방식은 미국의 NTSC 방식과 호환되지 않기 때문이다. 독일 현지에서 컨버터를 구입하거나, DVB-T2 안테나를 쓰거나, 아예 PAL 방식과 NTSC 방식을 모두 수신할 수 있는 멀티시스템 텔레비전을 구하면 된다.

요즘 많은 사람들이 컴퓨터로 텔레비전을 본다. 텔레비전 수신카드나 외장 USB를 쓰는 방법이 있지만, 수신카드나 외장

· 현금이냐 카드냐 ·

독일 대다수 지역에서 신용카드와 직불카드가 통용되지만, 독일인들은 아주
큰 금액도 신용카드 대신에 현금으로 지불하기를 더 좋아한다. 현금 결제가
돈 관리에 더 보탬이 된다고 말하는 사람들이 많다.

USB가 독일에서 제대로 작동하는지 확인해야 한다. 애플 TV
같은 스트리밍 서비스를 이용하는 것도 대안이 될 수 있다.

신분 증명

독일인들은 모두 신분증을 갖고 다니고, 도서관을 출입하려고
할 때나 자녀의 입학 절차 같은 온갖 등록 과정에서 신분증을
쓴다. 독일에 머물 기간이 3개월 미만인 사람은 여권을 신분증
으로 사용할 수 있지만, 그보다 더 오래 머물 예정이면 거주허
가증(아우프엔트할트에어라우프니스)과 등록확인증(안멜데베슈테티궁)이
필요할 것이다. 이들 서류는 일종의 거주증명서이고, 모든 독

일인들이 갖고 있다. 관련 세부사항은 외국인청(아우슬렌더암트)에 문의하기 바란다. 아마 시간이 좀 걸릴 것이다. 독일에 오기 전에 미리 신청서를 냈다면, 도착 즉시 곧 노동허가증을 신청할 것이라고 출입국관리사무소에 알려야 한다. 그래야 부적격 판정을 내리지 않을 것이다.

일상생활과 일과

독일인들은 아침에 일찍 일어나는 편이다. 대략 아침 6시 30분에서 7시 사이에 일어난다. 출근은 8시나 8시 30분까지 한다. 가족들은 함께 아침을 먹는 경우가 많고, 홈스테이를 하는 외국인이라면 아침 식사 시간을 집주인에게 미리 물어보는 것이 좋다.

독일의 아침 식사는 빵, 햄, 치즈, 요구르트, 뮤즐리(우유나 요구르트를 곁들여 먹는 시리얼의 일종 – 옮긴이), 콘플레이크 등이 나오는 미국이나 영국의 전통적인 아침 식사와 다르다. 독일의 아침 식사에는 얇게 썬 햄이나 살라미나 소시지 조각, 반숙 계란, 차, 커피, 우유, 오렌지주스 따위가 나올 것이다(튀김 요리는 나오지 않는다).

학교 수업은 대부분 아침 8시에 시작한다. 독일의 학교는 미국과 영국의 학교보다 각 지역의 특색이 많이 반영되어 있다. 아이들은 대체로 점심(샌드위치와 과일)을 가볍게 먹는다. 최근 방과 후 돌봄 서비스가 점점 정착되고 있다.

독일에서는 전통적으로 점심이 세끼 중 가장 중요한 식사이다. 점심 식사는 전채 요리가 먼저 나오고, 뜨거운 고기나 생선이나 채소, 그리고 감자와 파스타와 샐러드가 뒤를 잇고, 케이크나 과일이 디저트로 나온다.

독일의 주부들과 아이들은 오후에 흔히 커피나 차나 청량음료와 여러 가지 케이크와 페이스트리를 함께 먹으며 잡담이나 밀린 얘기를 나눈다. 독일에 머무는 외국인도 오후 시간에 초대를 받아 주부들이 손수 만든 갖가지 맛있는 음식을 맛볼 기회가 있을 것이다. 예의상이라도 초대에 응하기 바란다. 손님들은 쿠키와 비스킷 같은 음식을 들고 와 성의를 표시하곤 한다.

아이들은 오후 4시쯤 학교에서 돌아온다(초등학교 학생들은 더 빨리 하교한다). 저녁은 비교적 가볍게 먹는다. 흔히 냉육, 생선, 치즈 등에 빵이나 롤빵을 곁들인다. 맥주, 사과주, 포도주, 때로는 약초차를 함께 마실 수도 있다. 저녁 식사는 보통 일찍(오후 6시에서 6시 30분 사이) 먹지만, 손님을 초대한 경우에는 7시 30분이나 8시에 먹을 것이다. 독일인들은 평일에는 대체로 일찍(밤 10시 30분에서 11시 사이) 잠자리에 든다.

한계와 경계

독일의 주택은 영국의 주택과 더 비슷하다. 명확한 경계 구획은 외부로부터의 침범을 방지하는 역할을 한다. 울타리와 경계선은 확고히 유지되고, 심리적으로 든든한 느낌을 준다. 주택 내부도 경계가 삼엄하기는 마찬가지이다. 일부 나라에서는 흔히 집주인이 손님에게 집 구경을 시켜준다. 집 구경은 편안하고 허물없는 분위기를 만드는 데 도움이 된다. 예컨대 손님은 "뭐, 도와드릴 것 없어요?"라고 물으며 주방으로 쓱 들어가 일손을 도우며 대화를 나눌 수 있다. 그러나 독일에서는 그런 장면을 찾아보기 힘들고, 격식을 좀 더 차리기 마련이다. 물론 분위기는 편안하고 친근하겠지만, 아무리 집이 깨끗하고 번쩍번쩍 빛나도 집 전체를 손님들에게 보여주지는 않는다.

독일의 일반적인 주택이나 아파트의 구조에는 이러한 질서

와 경계에 대한 의식이 반영되어 있다. 일단 집에 들어서면 개
방된 생활공간이 아니라 밀폐된 작은 복도가 보일 것이다. 복
도를 지나면 방들이 나타나고, 방문은 보통 닫혀 있을 것이다.
방문을 닫아둔 것은 경제적 이유 때문이기도 하다. 독일 가정
의 방들은 흔히 개별난방식이므로 문을 닫아두면 내부의 온
기를 유지할 수 있다. 집주인과 친숙한 사이가 아닌 이상 집을
구경시켜달라고 부탁하지 말고, 무작정 주방에 들어가지도 말
아야 한다. 독일인들의 사생활을 존중해주면 그들도 여러분을
존중하고 좋아하고 마음의 문을 열어줄 것이다.

킨더, 퀴헤, 키르헤

'킨더, 퀴헤, 키르헤(아이, 부엌, 교회)'는 요즘 독일 어머니의 보수
적이고 전통적인 역할을 비꼬기 위해 자주 쓰이는 문구이다.
다른 서구 국가들이 그렇듯이, 독일에서도 그동안 점점 많은
여성들이 상근직 직업을 갖게 됨에 따라 직장과 가정에서 여
성의 역할이 급속도로 바뀌었다. 집안일을 맡고 아이들과 노인
들을 돌보는 하우스프라우(가정주부)의 전통적인 역할은 이제

금속가공 작업장에서의 성평등

필수가 아니라 선택의 문제이다. 그렇지만 이 부분에서는 옛 동독 지역과 서독 지역 간에 상당한 차이가 있다. 옛 동독 지역에서는 여성들이 무상보육시설을 비롯한 국가의 지원을 많이 받았다. 그러다가 재통일 이후 그런 혜택이 사라졌고, 여성 실업률이 크게 증가했다.

독일에서는 직업 활동을 포기하고 자녀 양육에 전념하기로 결정한 여성들을 무척 높이 평가하는 분위기가 있다. 여성들이 상근직 직업을 가져야 하는가를 둘러싼 뜨거운 논쟁이 여전히 진행 중이지만, 실제로 점점 더 많은 여성들이 사무실과 공장에서 상근직으로 일하는 동시에 가사를 꾸려나가고 있다.

학교와 수업

자녀를 둔 모든 가정에서는 교육이 중요한 부분을 차지한다. 이웃이나 친구의 자녀들이 어떤 교육을 받는지 관심을 쏟는 자세가 좋다. 독일의 아이들은 세 살부터 유치원에 다니기 시작한다. 그리고 여섯 살부터 열여덟 살까지 학교에 다니는데, 여섯 살부터 열 살까지는(베를린에서는 열두 살까지) 그룬트슐레(초등학교)에 다닌다. 그런 다음 하우프트슐레나 레알슐레나 김나지움에 입학하고, 2년 뒤에 진로 발달과정을 평가받게 된다. 김나지움 학생들은 열여덟 살에 아비투어(졸업시험)에 응시한다. 학생들의 약 35%가 김나지움에 진학한다. 20%는 실업계 학교인 레알슐레에 입학한다. 레알슐레의 일부 학생들은 김나지움으로 전학하지만, 대다수는 실업교육 이수를 증명하는 졸업장을 받는다.

또 25%는 직업교육 위주의 학교인 하우프트슐레에 입학한다. 졸업장을 받은 뒤에는 매주 두 번씩 베루프스슐레(공업 전문

대학)에 다니며 학업과 일을 병행하는 직업교육 프로그램에 참여한다. 이 같은 교육제도 덕분에 독일은 일반교육과 직업교육을 받은 인력을 골고루 갖추게 되었다.

끝으로 게잠트슐레로 불리는 통합중등학교가 있다. 학업교육, 상업교육, 직업교육 프로그램을 섞어 시행하는 이 학교의 목적은, 학생들을 학업 진로와 직업 진로로 나누는 데 따른 사회적 계층화를 타파하기 위한 것이다.

독일의 학교는 주에서 개별적으로 운영한다. 따라서 16개 주마다 교육제도가 다르다. 학비는 무료이다. 사립학교도 있지만, 소수에 불과하다.

대안학교로는 종교학교를 들 수 있다. 종교학교는 공립학교와 동일한 교과과정을 따르면서도 고유의 가치관에 중점을 둔다. 그리고 몬테소리학교와 창의성을 강조하는 루돌프 슈타이너의 철학을 기반으로 삼은 발도르프학교 같은 대안학교도 있다.

어린 자녀를 둔 집에서는 자녀가 초등학교에 입학하는 날이 중요한 통과의례이다. 입학하는 날, 아이들은 부모들에게 슐튜테라는 선물을 받는다.

독일 교육의 가장 뚜렷한 특징은 독일 학생들이 본인의 전

문 분야를 훨씬 빨리 결정한다는 사실이다. 독일 학생들은 열
두 살부터 열네 살까지 취업시장을 고려해 세심하게 양성된다.
독일의 교육제도는 아직도 하향식이고, 표준화된 검증을 정기
적으로 받는다. 반면에 미국과 영국의 초중등교육 단계에서는
독일에 비해 연속 평가와 조별 과제 같은 여러 가지 '학생 중
심'의 교육적 선택권이 더 많이 개발되었다. 독일 학생들 사이
에서 개인주의가 점점 팽배해짐에 따라 더 유연한 교육제도를

전형적인 입학 선물인 캔디가 가득 들어 있는 고깔인 슐튜테

요구하는 목소리가 생겼고, 독일의 학부모들과 교육 이론가들은 학생들의 개인주의를 주제로 토론을 벌이고 있다.

텔레비전과 라디오

유럽 대륙의 한가운데 위치한 나라에서 머무는 동안 누릴 수 있는 즐거움 중 하나는, 유럽 곳곳에서 방송되는 프로그램을 볼 수 있다는 점이다. 독일의 위성 텔레비전 시스템을 통해 시청자들은 독일, 스페인, 이탈리아, 터키 등지의 프로그램은 물론이고 CNN과 유로스포츠 같은 국제 채널의 프로그램도 볼 수 있다. 대부분의 주택과 아파트는 위성과 연결되어 있다.

독일의 DVB-T2 방식(영국의 PAL 방식에 해당한다)은 미국의 NTSC 방식과 호환되지 않는다. 기존의 NTSC 방식 사용자들은 전송 문제를 겪을 수 있다. 웬만하면 독일 현지에서 텔레비전을 구입하는 편이 좋다.

여러 나라들의 관행과 달리, 독일의 텔레비전 프로그램은 모두 독일어로 방송된다. 예를 들어 미국의 텔레비전 연속극과 영화는 독일어로 재녹음해 방송된다. 미국 유명 시트콤 〈프렌

즈)를 독일어로 더빙된 상태로 보고 싶지 않으면 원어판 선택 스위치가 있는 텔레비전을 구해야 한다.

독일의 모든 주요 텔레비전 방송은 원칙상 무료이다. 양대 공영방송사는 ARD와 ZDF이다. 전국적으로 지역 텔레비전 방송망이 많다. 각 가구는 4개월이나 6개월, 혹은 1년에 한 번씩 공영방송 재원 확보 명목의 수신료(룬트풍크바이트라크)를 내지만, 수신료는 방송사별로 직원 수에 따라 달라질 수 있다. 시청자들은 대부분 4개월에 한 번씩 자동이체를 통해 수신료를 낸다(www.finanztip.de/rundfunkbeitrag).

독일의 텔레비전 방송을 보거나 신문을 읽다 보면 성에 대한 노골적 표현이 담겨 있을 것이다. 독일인들은 성에 대해 전혀 고상한 척하지 않고, 사실 그대로 바라본다. 그들의 심기를 건드리는 것은 성이 아니라 폭력이다. 외국인이 무난하다고 생각할 법한 영상이나 영화를 독일인은 몹시 부정적으로 여길 수 있고, 반대로 외국인이 10대 청소년들과 함께 시청하기 힘들다고 판단할 만한 프로그램을 독일 가정에서는 전혀 문제없는 것으로 여길 수 있다.

장편영화는 관련 시청지침(프라이빌리게 젤프스트콘트롤레)이 있다. 장편영화는 다음과 같이 5개의 등급으로 나뉜다.

① 모든 연령 시청가

② 6세 이상 시청가

③ 12세 이상 시청가

④ 16세 이상 시청가

⑤ 18세 이상 시청가

불만 표시

독일인들은 나쁜 서비스, 많은 집세, 마음에 들지 않는 행위에 대해 솔직히 말하고, 대체로 자신의 견해를 분명히 표현한다. 독일인이 여러분에게 불평을 늘어놓는 경우에는 뻔뻔해질 필요가 있다. 반대로 여러분이 독일인에게 불만을 드러내는 경우에는 솔직함과 퉁명스러움의 차이를 명심해야 한다.

단골손님입니까?

자기 집에서 어디가 중심인지 독일인에게 물어보면 다양한 대

단골손님 전용 지정석

답을 들을 수 있을 것이다. 대부분은 거실이 중심이라고, 어떤 사람은 침실이나 테라스가 중심이라고 말할 것이다. 주방을 중심으로 꼽는 사람도 많을 것이다. 독일인에게 집의 중심은 탁자 주변의 대화이다. 거실이나 주방에 놓여 있는 탁자는 독일인의 생활과 소통이 이뤄지는 장소이다. 독일인들은 아직도 텔레비전을 보는 것보다 시간이 날 때 탁자에 둘러앉아 얘기를 나누는 것을 더 좋아한다.

이러한 점은 집밖에서도 마찬가지다. 독일은 술집 문화가 매우 발달한 나라이다. 사람들은 실내 맥줏집과 노천 맥줏집에서 함께 맥주를 마시며 어울린다. 때로는 온 가족이 맥줏집 탁자에 둘러앉아 맥주를 마시며 얘기꽃을 피우고 노래를 부른다. 맥줏집은 인기 있고 공인된 만남의 장소이다.

'슈탐티슈'는 여러분이 반드시 알아둬야 하는 말이다. 독일

• 속내 드러내기 •

늦은 밤, 독일의 한 공항에서 독일인 택시 운전사가 승객 5명을 한꺼번에 태웠다. 승객들은 각자 다른 호텔로 가야 했다. 택시 운전사는 여러 명이 함께 타 조금 불편해도 1명씩 기다렸다가 차례대로 가는 편보다 나을 것이라고 둘러댔다. 이때 독일인 승객이 "요금 할인을 안 해줄 테니 당신에게도 그리 나쁠 것 없잖소"라며 목소리를 높였다. 그러나 나머지 외국인 승객들은 "어휴, 정말 예의가 없군요!"라고 입을 모으며 한숨을 내쉬었다.

아마 독일인 승객의 말이 옳았겠지만, 나머지 승객들은 융통성을 발휘한 택시 운전사에게 고마움을 느껴야 한다고 생각했다. 하지만 독일인들은 자기 생각을 곧이곧대로 표현하는 데 주저함이 없다. 되도록 언쟁을 벌이지 않으려는 영국인의 태도(미국인도 어느 정도는 그렇다)를 이해하지 못한다.

의 술집과 맥줏집에는 단골손님 전용 지정석이 있다. 단골손
님이 아닌 사람이 거기 앉으면 아마 종업원이 자리를 옮겨달
라고 정중하게 부탁할 것이다. 독일인들은 자기 집에서 가구의
일부분이 된다. 거실의 움푹하고 푹신한 의자에 느긋하게 앉
아 있는 것이 아니라 주방이나 거실의 탁자 주변에 있는 딱딱
한 의자에 아무렇게나 앉아 손에 음료수를 든 채 그날 있었던
일을 얘기한다. 독일인 가정에서는 저녁을 먹은 뒤 한 시간쯤
모두 탁자에 둘러앉아 커피나 음료수를 마시며 즐겁게 잡담을
나눈다.

생활방식의 변화

미국과 영국에서는 명백히 금지되지 않는 한 모든 것이 허용
되는 반면, 독일에서는 명백히 허용되지 않는 한 모든 것이 금
지된다는 오래된 농담이 있다. 5장을 읽으면서 아마 여러분은
그 농담이 정말 맞다고 느끼기 시작할 것이다. 독일인들은 질
서정연한 사회가 모든 사람의 더 좋고 편안하고 보람된 삶에
기여한다고 생각한다. 따라서 독일인들은 개인적 이익을 포함

한 공익을 위해 개인적 자유를 살짝 제한하는 것으로 보일 법한 조치를 기꺼이 감수할 각오가 되어 있다. 독일에서 살며 일하는 외국인들은 그런 생활방식에 금방 익숙해지고, 귀국 후에는 모국 사회의 '무질서 상태'를 비난하는 경우가 많다.

그렇지만 독일에서도 세태가 바뀌고 있고, 질서정연한 사회에 대한 반발과 개인주의가 점점 커지고 있다. 다른 서유럽 국가들처럼, 독일에도 결혼하지 않은 채 함께 사는 사람들과 편부모 가정의 수가 뚜렷하게 증가하고 있다. 아울러 서로 가족이 아닌 여러 사람이 공동주택에서 함께 생활하는 주거공동체(봉게마인샤프텐)도 있다.

생활방식이 바뀌면서 아이들과 젊은이들의 태도도 변하고 있다. 학교와 부모들은 아이가 정치의식이 있고, 질문을 던지고 답변을 요구하는, 독립적이고, 자립적이며, 그리고 무엇보다 책임감 있는 시민(뮌디거 뷔르거)으로 성장하도록 키운다. 요즘 대학생들은 기존의 교육적 관습에 훨씬 더 거부감을 느끼고 있다. 베를린장벽을 무너트린 세대의 뒤를 이은 젊은이들은 부모 세대의 여러 좌우명을 뒤엎고 있고, 더 개인주의적이고 자유지상주의적 생활방식을 추구하고 있다.

독일에서 생활하거나 독일을 방문한 외국인들은, 전통적인 독일인뿐 아니라 기존의 사회적 질서에 반발하고 새로운 관념, 사고, 행동양식을 모색하는 독일인도 만나게 될 것이다. 이러한 두 가지 유형의 독일인을 통해 지적 측면에서 대담하고 흥미진진한 이종교배가 일어난다.

06

여가생활

독일인들은 보통 주당 40시간 일하거나 혹은 그보다 더 적게 일한다. 대체적으로 초과 근무를 하지 않으며, 국가 공휴일과 지방 공휴일을 합쳐 최대 16일 정도를 쉴 수 있다. 독일의 연차 휴가는 연방유급휴가법에 따라 운영된다. 5~6월과 7~8월이 인기 휴가철이다. 또한 질병수당과 출산수당도 넉넉하게 받는다. 유급휴가는 최대 6주이며, 출산 후에는 8주간의 유급휴가를 보낼 수 있다.

독일 근로자들은 꽤 많은 휴식 시간을 가진다. 보통은 주당 40시간 일하고 어떤 직장에서는 그보다 더 적게 일한다. 독일인들은 전반적으로 초과 근무를 하지 않는다. 공공부문의 대다수 사무실은 오후 4시나 5시에 문을 닫는다. 독일에는 최대 16일의 국가 공휴일과 지방 공휴일이 있다. 독일인들도 다른 나라 사람들처럼 목요일이 공휴일이면 휴가를 써서 금요일에도 쉰다.

독일의 연차 휴가는 연방유급휴가법에 따라 운영된다. 연방유급휴가법에 의하면 주당 6일을 일하는 근로자와 주당 5일을 일하는 근로자는 각각 해마다 24일과 20일의 휴가를 쓸 수 있다. 그러나 대다수 회사는 매년 25일 내지 30일의 휴가를 준다. 통상적으로 해당 연도에 쓰지 않은 휴가는 이듬해 3월에 무효로 처리된다. 5월과 6월은 인기 있는 휴가철이고, 7월과 8월도 그렇다.

질병수당과 출산수당도 넉넉하게 받을 수 있다. 임신부들은 아이를 낳기 전에 최대 6주간의 유급휴가를 쓸 수 있고, 출산 후에는 8주간의 유급휴가를 보낼 수 있다. 근로자들은 최대 6주간의 전액 유급병가를 얻을 자격이 있고, 심지어 의사의 조언을 근거로 건강관리클럽인 쿠어에 다니게 해달라고 요구할 수도 있다. '쿠어에 다니기'는 독일 회사들에서 특별한 일이 아니다. 그렇다면 독일인들은 어떻게 여가를 보낼까?

쇼핑

독일인들은 생필품을 구입하기 위해 쇼핑을 하지만, 여가를 보내려고 쇼핑을 즐기기도 한다. 그런데 독일인들의 쇼핑 습관이 점점 바뀌고 있다. 요즘 독일인들은 집에서 인터넷 쇼핑을 즐겨한다. 독일의 인터넷 쇼핑 이용률은 미국 다음으로 높다. 홈쇼핑이 지역 전문점의 고객층을 잠식했고, 알디와 리들 같은 대형마트에 대한 의존도가 커졌다.

대다수 도시의 시내에서는 매주 시장이 열리고, 지역 신문에는 흔히 시장 관련 광고가 실린다. 시장에서는 신선한 꽃, 고기, 생선, 채소 따위가 팔린다. 프랑스나 이탈리아와 달리 독일 도심의 시장에서는 손님이 과일을 사기 전에 시험 삼아 잘라주거나 하는 관행을 찾아볼 수 없다.

쉽게 예상할 수 있겠지만, 독일인들은 쇼핑할 때 줄지어 기다리고 순서를 지킨다. 여러 외국인들이 놀라워하는 점은, 독

노르트라인베스트팔렌주의 도시 민덴에 있는 어느 플라이세라이(정육점)

일인들이 상점을 공동체적 공간으로 여기고(슈퍼마켓이나 백화점은 그렇게 여기지 않는다), 상점에 들어설 때 모든 사람에게 "구텐 탁(점심 인사로 영어의 'Good afternoon'에 해당—옮긴이)"이나 "구텐 모르겐 Guten Morgen(아침 인사로 영어의 'Good morning'에 해당—옮긴이)"이라고 인사하는 것을 당연시한다는 사실이다(남부 지방에서는 '그뤼스 고트'라는 인사말을 쓴다).

외국인은 굳이 그렇게 하지 않아도 되지만, 공동체의 일원이라는 느낌이 더 짙어질수록 친근하고 상냥한 행동이라는 생각이 들 것이다.

독일인들은 구입할 물건과 그 물건의 가격을 꼼꼼하게 살피고 거스름돈을 정확하게 받으려고 한다. 그리고 자기가 원하는 것을 반드시 챙기거나 거스름돈을 제대로 받기 위해 시간이 조금 걸리더라도 끈질기게 질문을 던질 것이다. 상품에 표시된 가격에는 세금이 포함되어 있다.

일요일 휴무

평일에 상점은 오전 8시나 9시에 문을 열고, 오후 8시에 문을 닫는다. 외국인들이 주의해야 할 사항은 주말 휴무 관행이다. 토요일에 상점은 오후 6시까지 영업하지만, 그보다 더 일찍 문을 닫을 수도 있다. 일요일에는 대도시나 대도시 근처의 상점뿐 아니라 슈퍼마켓도 문을 열지 않는다. 그러나 제과점은 독일인들이 무척 좋아하는 아침 식사인 갓 구운 롤빵을 팔기 위해 일요일에도 몇 시간 영업할 수 있다. 그리고 24시간 주유소도 일요일에 문을 연다. 크리스마스 이전 4일 동안에는 상점은 오후 6시까지만 영업한다.

상점의 종류	
제과점(베커라이)	갓 구운 빵, 롤빵, 브레첼(매듭이나 막대 모양의 독일식 빵-옮긴이), 피자 따위를 판다. 보통 아침 일찍 문을 연다.
정육점 (메츠거라이 혹은 플라이세라이)	신선한 고기와 소시지, 조리된 고기와 소시지를 판다.
식료품 가게 (레벤스미텔게셰프트)	여러 종류의 식료품을 판다.
청과물 가게(옵스트 운트 게뮈젤라덴)	과일과 채소를 판다.
약국(아포테케)	약품을 파는 곳은 두 가지로 구별된다. 드로게리에서는 화장품과 위생용품을 판매하고, 아포테케에서는 약사가 의약품을 판매한다. 약사는 의약품을 추천할 수 있다. 주말에 있을지 모르는 긴급 처방 상황에 대비해 약국 당번제가 운영된다.

은행

독일의 은행은 오전 8시 30분부터 오후 4시까지 영업하고, 어떤 은행은 목요일에 오후 5시 30분까지 문을 열기도 한다. 일부 소형 은행은 점심시간인 오후 1시부터 2시 30분까지 문을 닫기도 한다. 토요일에는 모든 은행이 문을 열지 않는다.

독일은 유로존 회원국이다. 옛 화폐인 마르크화는 1999년에 유로화로 대체되었다. 그러나 화폐를 둘러싼 그 밖의 관습들은 바뀌지 않았다. 독일은 여전히 현금 중심적 사회이고, 신용카드를 결제수단으로 받지 않는 식당과 상점도 있다.

독일인들은 대부분 지로콘토(당좌예금 계좌)와 슈파르콘토(저축예금 계좌)를 갖고 있다. 각종 청구금액은 지로콘토에서 빠져나간다. 가정집을 방문해 청소, 배달, 수리 등을 해주는 사람들은 지로번호가 적힌 청구서를 주면서 자기 계좌에 요금을 이체해달라고 말할 것이다. 납부자 자동이체(다우에라우프트라크)는 집세 같은 것을 정기적으로 납부할 때 쓰이고, 지로 자동이체(라스치리프트페르파렌)는 공과금 납부에, 송금(위베르바이중)은 일회성 대금 지불에 쓰인다. 요즘 들어 온라인뱅킹 이용률이 늘어나고 있다.

독일인은 보통 개인수표를 사용하지 않는다. 신용카드도 쓰지만, 신용카드보다 직불카드를 더 많이 쓴다. 독일인은 신용거래를 싫어한다. 그리고 자기 돈으로 지불하기를 훨씬 더 선호하고, 수중에 돈이 없으면 돈이 생길 때까지 구매를 미룬다. 현금자동입출금기(겔다우토마트)는 모든 도시에서 이용할 수 있고, 보통은 시러스, 비자, 플러스 같은 카드로 현금자동입출금기를 쓸 수 있다.

식당, 음식, 음료

이탈리아 밖에서 최고의 이탈리아 요리를 먹을 수 있는 곳은 어디일까? 바로 프랑크푸르트다. 독일의 주요 도시들은 여러 문화의 요리를 맛볼 수 있는 중심지가 되었다. 세계 각지를 여행하며 외국 요리를 좋아하게 된 독일인들이 늘어난 덕분이다. 그런데 독일 요리의 장점은 무엇일까?

첫째, 요리의 수준이 전반적으로 훌륭하다. 음식이 맛있고 몸에 좋고 깔끔하다. 독일인들은 신선하고 질 좋은 음식에 자부심이 있다. 돼지고기를 가장 즐겨 먹는다. 채식주의자용 음식도 쉽게 눈에 띈다. 흔히 그렇듯이 독일인의 식습관에 대한 고정관념도 있다. 예컨대 영국인은 튀긴 생선과 감자를 먹고, 미국인은 햄버거를, 독일인은 소시지와 소금에 절인 양배추만 먹는다고들 한다. 실제로 독일인들은

엄청나게 다양한 종류의 소시지를 먹지만, 북부 지방과 동부 지방에서는 여러 가지 해산물뿐만 아니라 사슴고기, 멧돼지고기, 메추리고기, 오리고기도 먹는다.

독일에서 부실한 식사를 사 먹게 될 가능성은 전혀 없지는 않아도 낮다. 독일인들은 간단하게 한 끼를 해결할 때 슈테힘비스나 슈넬림비스(간이식당)를 이용한다. 간이식당은 서서 음식을 먹는 곳인데 주문한 음식을 포장해 가져갈 수도 있다. 주요 메뉴는 프리텐 또는 포메스(감자튀김), 카르토펠잘라트(감자샐러드), 브라트부르스트(소시지) 등이다. 케밥을 내놓는 곳도 있다. 간이식당은 노르트제(생선 전문점), 비너발트(치킨 전문점), 맥도날

드 같은 대형 체인점의 가맹점인 경우가 많다.

지방 음식을 먹어보고 싶은 사람은 독일의 전형적인 가스트하우스 또는 가스트호프(여관)에 가면 된다. 그곳에서는 각 지방의 현지 음식이 나올 것이다. 아마도 북부 지방에서

베를린에 있는 어느 슈넬림비스

는 생선 요리를 맛볼 수 있을 것이고, 남부 지방에서는 경단(크뇌델)을 맛볼 수 있을 것이다.

여러분이 찾을 법한 식당에는 대부분 독일어와 영어가 함께 적힌 메뉴판이 있을 것이다. 식당 종업원들은 보통 영어로 음식에 대해 설명해줄 수 있을 것이다. 매주 하루, 주로 월요일에 영업하지 않는 식당들이 많다. 특히 가족이 운영하는 식당들이 그렇다.

맥주 진열대

【음료】

맥주는 독일의 가장 유명한 술이다. 흔히 라거 맥주를 대표적인 맥주로 여기지만, 사실 독일에는 매우 다양한 종류의 맥주가 있다. 독일에는 1,500개 이상의 양조장이 있다. 쾰른에서는 쾰슈를, 뒤셀도르프에서는 알트를 맛볼 수 있다. 남부 지방에서는 바이젠비어를, 그리고 남부 지방에서는 여러 종류의 필스를 즐길 수 있다.

물론 독일에서는 포도주도 생산된다. 특히 호크와 모젤이라는 고급 백포도주가 유명하다. 모젤강 유역에서 만들어지는 리

독일 맥주의 종류	
알트 또는 알트비어	'오래된 맥주'라는 뜻으로, 영국의 에일 맥주와 상당히 비슷한 적갈색 상면발효 맥주이다.
둥켈	맥아를 볶아 만든 흑맥주로. 둥켈에는 '흑 라거'와 흑밀맥주가 포함된다.
헤페바이젠, 바이스비어, 또는 바이세	병 속에 넣어 재발효시키는 밀맥주이다. 침전물 때문에 색깔이 약간 뿌옇다(헤페는 '효모'라는 뜻이다). 이 맥주의 특징은 달콤한 '풍선껌' 향이다.
라거	독일어로 '창고'라는 뜻이다. 라거 맥주는 하면발효 효모에 의해 천천히 발효된다. 원래 뮌헨식 라거 흑맥주였지만, 요즘은 밝은색의 필스너 라거 맥주가 대세다.
필스 또는 필스너	아주 깨끗하고 깔끔한 맛을 내려고 19세기에 플젠(체코의 도시-옮긴이)에서 개발된 전형적인 밝은색 라거이다.
쾰쉬	쾰른식 맥주로, 라거 맥주가 아니라 밝은 황금색 상면발효 에일 맥주이다. 알아두면 유익한 맥주 관련 용어는 헬 또는 헬레스=옅은색의, 로겐=호밀, 클로스터=수도원(원래 맥주는 수녀원이나 수도원에서 만들었다) 등이 있다.
베를리너 바이세	병 속에 넣어 재발효시키는 상면발효 밀맥주이다. 전통적인 발효효모와 유산균 배양액을 모두 넣어 만든다. 거품이 금방 꺼지고, 색깔은 밝은 금빛을 띤 담황색이다. 맛은 청량하고, 시큼새콤하며, 산성을 띤다. 레몬 맛이 나는 구연산성이 강하고, 홉의 쓴맛이 거의 없다. 베를린 사람들은 흔히 톡 쏘는 맛과 신맛을 줄이려고 선갈퀴나 나무딸기 시럽을 첨가한다. 이 맥주를 주문할 때는 십중팔구 "적색 맥주와 녹색 맥주" 중 하나를 선택하라는 말을 듣게 될 것이다. 베를리너 바이세는 첨가물을 넣지 않고 마셔볼 만하다. 베를린 사람들은 이 맥주를 빨대로 마시기도 하지만, 맥주 맛을 최대한 즐길 수 있는 방법은 아니다. 음식에 곁들일 때 좋은 식전주이며, 치즈나 샐러드와 잘 어울릴 것이다.

슬링 포도주, 바이에른주 북부 지역에서 생산되는 특유의 부싯돌 타는 듯한 향이 나는 프랑코니아 포도주가 있다. 가장 유명한 포도주 산지는 점성이 높아 무게감이 느껴지는 포도주가

생산되는 라인란트팔츠주(알자스 바로 북쪽에 있다)이다. 포도주를 선택할 때는 쥐스^{süss}(달콤하다)와 리블리히^{lieblich}(달콤하다), 그리고 트로켄^{trocken}(단맛이 없다)이라는 말을 기억하기 바란다. 독일의 포도주는 품질에 따라 타펠바인(식탁용 포도주), 크발리테츠바인(고급 포도주), 크발리테츠바인 미트 프레디카트(특급 포도주) 등으로 분류할 수 있다.

독일에는 오렌지주스(오랑겐자프트)나 사과주스(아펠자프트) 같은 맛 좋은 과일주스가 있지만, 대다수 독일인들은 심지어 집에서도 병에 담긴 생수를 마신다. 식당에서 음료수를 주문하면 보통 얼음 없이 나오지만, 얼음을 곁들이더라도 한두 개만 나온다. 탄산이 없는 맹물(오네 콜렌조이레)을 달라고도 할 수 있지만, 맹물이 없는 경우도 있다.

【 식사 예절 】

주로 식탁에 앉아 종업원의 서빙을 받는다. 술집에서도 마찬가지다. 여기저기 눈에 띄는 맥주잔 받침은 손님이 비운 술잔의 개수를 기록하는 용도로 쓰이는 것이다. 일부 지역에서는 커피나 차나 술과 함께 나오는 물컵이 그런 역할을 한다.

독일의 식탁 예절은 미국이나 영국과 흡사하지만, 독일인들은 상차림에 더 신경을 쓰는 편이고, '손으로 집어 먹는 음식' 을 대체로 좋아하지 않는다.

독일 양조장의 거의 절반은 바이에른주에 있고, 뮌헨은 바이에른주에서 생산되는 맥주의 중심지이다. 현지에서 생산된 맥주는 양조장에 딸린 노천 맥줏집(비어가르텐)의 식탁보가 없는 나무 탁자에 앉아 마실 수 있다. 맥주를 주문한 손님들은 관행에 따라 음식을 직접 가져와서 밤나무 아래 식탁에서 먹는다. 전통적으로 노천 맥줏집은 맥주 저장실 바로 위에 들어서 있다. 거기 심은 나무들은 저장실 안의 맥주를 시원하게 보관하는 데 보탬이 된다. 겨울에는 비어켈러(땅 밑에 있는 맥주 저장실)나 비어할레(땅 위에 있는 실내 맥줏집)에서 긴 탁자에 앉아 맥주를 마신다. 술을 마시며 함께 노래를 부르는 전통은 이 같은 공동체적 활동에서 비롯되었다. 그 외에 독일인들이 즐겨 찾는 곳은 비어슈투베라는 소규모 맥줏집이다.

맥주를 마실 때의 건배사는 "프로스트"이다. 사람들은 잔을 들고 "프로스트"라고 말한 뒤 서로 잔을 부딪힌다. 포도주를 마실 때는 "춤 볼"이라고 말하며 건배한다. 술자리는 너무 오래 이어지지 않고 안주도 꽤 많이 먹기 때문에, 사람들은 잔뜩 취하기보다 '흥겹고 거나하게' 취한다. 물론 아주 엄격한 음주운전법이 있어 술에 취해 운전하는 사람들은 별로 없다.

음식을 먹기 전 사람들은 보통 "구텐 아페티트^{Guten Appetit}(맛있게 드세요)"라고 말할 것이다. 이때는 "구텐 아페티트"나 "당케, 에벤팔스^{Danke ebenfalls}(고맙습니다. 당신도 맛있게 드세요)"라고 답하면 된다. 영국인들처럼 독일인들도 음식을 먹을 때 포크와 나이프를 양손에 쥐고 있는 편이고, 미국인들과 달리 음식을 나이프로 썬 다음에 다시 오른손을 써서 포크로 찍어 먹지는 않는다. 생선을 먹을 때는 특별한 생선용 나이프를 쓰기도 한다. 독일인과 식사를 할 때는 경단과 채소를 나이프로 자르지 않는 것이 좋다. 이는 덜 익었다는 의미로 보이기 때문이다. 입을 벌린 채 음식을 씹거나, 음식을 먹으며 말을 하는 것 역시 예의에 어긋난 행동으로 비친다. 식사 자리에서 껌을 씹는 것도 마찬가지이다.

예약이 안 되는 몇몇 인기 업소에서는 손님들이 가끔 식탁을 함께 쓸 때가 있다. 손님들은 다른 사람들과 함께 긴 의자에 앉아 긴 식탁을 같이 쓴다. 특히 맥줏집에서 이런 모습을 자주 볼 수 있다. 식탁 밑에서 갑자기 동물이 울거나 짖는 소리가 들려도 신경 쓸 필요 없다. 주인이 키우는 애완견은 대다수 식당에서 마음대로 돌아다닌다. 독일인은 식당에서 미국인이나 영국인에 비해 담배를 더 많이 피운다.

공공장소와 대중교통 수단에서의 흡연은 연방법에 따라 금지되지만, 실질적인 법 적용은 주 당국이 담당한다. 라운지가 하나뿐이고 면적이 75m² 미만인 술집에서는 흡연이 허용될 수도 있지만, 바이에른주는 공공장소 흡연을 전면 금지해왔고, 다른 주들도 바이에른주의 선례를 따르고 있다.

【 종업원 】

종업원을 부를 때는 손을 들면 된다. 계산서(레히눙)를 받을 때, 영수증이 필요하면 크비퉁을 달라고 하면 된다. 여러 명이 한

· 팁 ·

봉사료가 법적으로 계산서에 포함되기 때문에 팁은 개인적 감사의 표시이다. 독일인들은 대부분 식사비보다 많으면서도 해당 금액에 가장 가까운 유로화를 건네며 팁을 제하고 잔돈을 거슬러달라고 말한다. 독일에서는 이 팁을 트링크겔트(술값)라고 부른다. 종업원들은 돈을 더 벌려고 팁에 매달리지는 않는다. 고급 식당에서 더 격식을 차려 팁을 줄 때는 10%가 적당하다.

꺼번에 식사하고 나서 계산서를 따로 달라고 해도 되지만, 미리 종업원에게 말해두는 편이 좋다.

여가

가죽바지인 레더호젠과 전통 여성복인 디른들, 그리고 맥주가 가득 담긴 큰 맥주잔(슈타인)과 뿜빠뿜빠거리는 금관악기 악단만 있는 것은 아니다. 독일인들이 실내외에서 즐기는 활동은 무척 다양하다.

【 관련 정보 찾기 】

독일 도시들에는 대부분 관광안내소가 있고 가볼 만한 곳, 구경거리, 즐길거리 등을 적극적으로 홍보하고 추천한다. 독일에는 5성급 호텔부터 이동식 숙박차량까지 온갖 종류의 숙박시설이 있다. 다들 깨끗하고 실용적이다.

【 축제와 테마파크 】

독일의 대규모 축제는 앞서 살펴봤다. 독일의 모든 소도시나 마을에서는 해마다 축제가 열린다. 그런 소규모 축제에 대해 알아보는 것도 좋다. 아이들과 함께 멋진 하루를 보낼 수 있는 테마파크도 많다. 대표적인 테마파크로는 쾰른 근처의 판타지아랜드나 에센 근처의 워너브라더스 무비월드를 꼽을 수 있다.

고급문화

독일에는 다른 나라에 비해 박물관이 많다. 인구가 1만 명 이상인 모든 지역에는 최소한 2개의 박물관이 있고, 베를린에만 100개 넘는 박물관이 있다. 이처럼 많은 박물관은 독일인들이

박물관 섬, 베를린

아우구스트 마케의 작품 <생제르맹 별장의 테라스>

자국 문화에 대해 품고 있는 지적 관심의 증거다. 독일에는 여느 나라에서 찾아보기 힘든 고급문화에 대한 폭넓은 인식과 뜨거운 관심이 있다.

이러한 점은 특히 독일의 연극과 오페라 전통에서 분명히 드러난다. 이런 사회적 분위기는 나라가 여러 개의 독자적인 제후령으로 분열되고, 각 제후령이 최고의 궁정 작곡가와 관현악단을 확보하려고 경쟁하던 시절의 유산이다. 모차르트, 바흐, 베토벤, 하이든 같은 독일어권 작곡가들은 다들 예술을 후원하는 사회적 분위기의 덕을 봤고, 그런 전통은 연방정부의 넉넉한 보조금을 통해 오늘날까지 이어지고 있다. 그 결

알브레히트 뒤러의 작품 <사도 두상>

루카스 크라나흐게의 작품 <천국의 아담과 이브>, 게멜데갈레리 소장

과 독일은 세계 최고 수준의 관현악단들을 보유하게 되었다.
아마 그중에서 가장 유명한 것은 제2차 세계대전 이후 카리스
마 넘치는 지휘자 헤르베르트 폰 카라얀, 그 이전의 빌헬름 푸
르트벵글러와 아르투로 토스카니니, 그리고 훗날의 사이먼 래
틀에 힘입어 명성을 누린 베를린 필하모닉 관현악단일 것이다.
아울러 라이프치히 게반트하우스 관현악단의 전 감독인 쿠르

트 마주어도 빼놓을 수 없다. 그는 미국에서 여러 해 동안 활약하기도 했다.

고전 오페라, 관현악단 연주회, 발레뿐 아니라 독일에서는 록, 재즈, 블루스 같은 음악 장르도 인기가 높다. 하지만 이러한 점은 외국에는 별로 알려지지 않았다.

독일은 자국의 오페라와 연극 작품에 보조금을 넉넉하게

지급한다. 덕분에 관람료는 적절하고, 누구나 공연을 구경하러 갈 수 있다. 관객층의 폭이 무척 넓지만, 아무래도 젊은이들은 상대적으로 오페라와 연극을 즐기지 않을 것이다. 오페라와 연극을 관람할 때의 복장은 턱시도와 야회복부터 깔끔한 평상복에 이르기까지 다양하다. 독일은 다른 유럽 국가에 비해 '고급'문화와 대중문화 간 격차가 덜 두드러져 보인다. 이것은 대체로 공연예술에 대한 국가의 강력한 지원과 더 많은 사람들이 공연예술을 즐길 수 있도록 하려는 노력 덕택이다. 또 어쩌면 예술과 문화에 대한 진지한 접근법을 심어주는 독일의 교육제도 덕택일지도 모른다.

대중문화

리퍼반 페스티벌이나 함부르크의 유흥가 장크트파울리의 클럽과 술집에 대해 들어봤을 것이다. 그곳 클럽과 술집은 1950년대 후반에 비틀스가 이름을 떨치기 시작한 곳이다. 이후 1962년에서 1964년 사이에 비틀스는 영국과 미국에서 국제적인 각광을 받게 되었다. 그런데 큰 도회지들에서 인기 있는 독

함부르크의 장크트파울리 극장

일 고유의 '테크노' 음악, 그리고 술집과 디스코홀은 외국인들에게 널리 알려지지 않았을 것이다.

독일은 유럽에서 동성 및 이성 간 성생활의 공공연한 표현에 대해 가장 관대한 나라이다. 베를린에는 동성애 문화가 활발하고, 베를린의 유명한 행사인 러브퍼레이드는 대규모 테크노 축제이다. 깜짝 놀랄 만한 사회적 편의시설 중 하나가 러브호텔이다. 간혹 하트 모양의 네온등이 빛나기도 하는 러브호텔은 연인들을 위한 만남의 장소이다.

시골에서의 기분전환

이미 언급했듯이 항공편으로 독일의 도시들, 심지어 베를린과 프랑크푸르트 같은 대도시를 찾는 여행객들이 가장 먼저 놀라워하는 점 가운데 하나는 도시를 둘러싼 드넓은 녹지이다. 그 삼림지대 덕분에 시민들은 깨끗한 공기를 마실 수 있고, 각 자치단체 의회는 시골에서 모임이나 바비큐 파티를 열고 싶어하는 사람들에게 오두막을 빌려줄 수 있다. 하이킹과 걷기는 인기 있는 주말 활동이고, 자전거 타기도 마찬가지이다.

<u>스포츠</u>

오랜 역사를 자랑하는 독일의 조직화된 스포츠와 체력단련은 1797년부터 1815년까지 나폴레옹에 맞선 전쟁이 벌어지는 동안 군사훈련에 앞서 국민들의 체력을 키우기 위한 방편으로 교육제도에 도입되었다. 20세기 초반, 독일에서 체육관·스포츠클럽 운동이 들불처럼 번졌다. 독일의 여러 스포츠클럽과 협회는 이 시기에 출범했고, 미국에서는 투른페라인(체육클럽)이

스포츠 동호회 활동에 적극적인 독일인들

연대를 보여준 독일 축구 팬들

독일계 미국인들이 세운 전통의 일환으로 평가된다. 1920년대
에 자연과의 친밀감을 강조하고 하이킹을 비롯한 야외활동과
민속문화를 장려하는 '반더포겔(글자 그대로 옮기면 '철새')'이라는
명칭의 청년운동이 독일 전역에서 대대적으로 벌어졌다. 애석
하게도 그 건전하고 이상주의적인 운동들은 1930년대에 이르
러 히틀러 청소년단에 강제로 가입시키는 조치에 의해 중단되
었다. 제2차 세계대전 이후, 공산 동독에서도 체제 강화에 스
포츠 관련 업적을 활용하면서 육체적 건강을 맹목적으로 숭
배했다.

바이에른주 남부의 슈타른베르크호수 위의 요트

지금도 독일인들은 스포츠를 좋아한다. 굳이 유럽 축구대회와 월드컵 대회에서 독일 축구팀이 이룩한 성과를 강조할 필요는 없겠다. 독일의 대표적인 축구선수들은 세계적인 유명인이 되었다. 또한 독일인들은 테니스, 핸드볼, 농구, 사격, 승마, 하키, 사이클, 포뮬러원 자동차 경주 같은 여러 다른 스포츠도 좋아한다.

독일인들은 국가대표팀도 열렬히 응원하지만, 개인적으로도 스포츠를 활발히 즐긴다. 독일인들은 스포츠 동호회에 가입해 열심히 활동한다. 독일에는 테니스, 축구, 하키, 승마, 사이클, 조깅, 걷기, 등반 같은 각종 스포츠를 즐길 수 있는 클럽이 많다. 여름 주말에는 친구들끼리 스포츠를 즐기러 떠난다. 이때 고속도로는 여행용 자전거와 경주용 자전거, 카약과 카누, 스키, 보트 따위를 실은 대형 차량으로 북적댄다.

07

여행과 건강, 그리고 안전

독일 고속도로는 속도제한이 없는 구간이 있다. 독일 고속도로에서 자동차 백미러로 보면 도로에 아무 것도 없다가, 갑자기 굉음을 내며 메르세데스벤츠나 BMW가 추월해버리는 일도 있다. 독일은 직접 운전해보면 더 재밌다. 또한 대중교통이 잘 운영되어 접근성도 좋다. 독일 도시에서는 전차, 버스, 기차 지하철 같은 대중교통 수단이 쓰인다.

지금 여러분은 독일의 고속도로에서 경치를 즐기며 시속 110km로 달리고 있다. 자동차 백미러를 보니 도로에 아무 것도 없다. 그런데 갑자기 시속 190km로 달려오는 메르세데스벤츠나 BMW가 굉음을 내며 추월해버린다. 어떻게 된 일일까? 독일의 고속도로에는 속도제한이 없는 구간이 있다. 독일의 자동차 기술과 독일의 운전자들은 이 점을 최대한 이용한다. 추월차선(왼쪽)을 독차지하지 않고 백미러를 주시하는 한 괜찮다. 그러나 고속 충돌사고에 휘말리면 본인 과실이 아니어도 운전면허를 상실할 수도 있다는 점을 명심해야 한다. 독일에서 직접 운전해보면 재미있는 경험을 할 수 있을 것이다.

독일에서 자동차는 미국에서보다 훨씬 더 지위의 상징으로 통한다. 자동차를 깨끗하고 꼼꼼히 관리하고 성능을 잘 유지하는 것이 중요하다. 독일기술검사협회(TÜV)는 출고된 지 3년 넘는 모든 차량을 점검하는 기관으로 매우 엄격한 검사를 실시한다.

대중교통은 잘 운영되고 접근성도 좋다. 독일인들은 기차가 4분 늦게 도착하면 나라가 망할 징조라며 투덜댈 것이다. 반면에 영국인들은 기차가 4분 늦으면 드디어 제때 도착했다며 안도의 한숨을 내쉴 것이다. 독일에서는 공공서비스란 당연히 제

대로 작동되어야 하는 것이다. 독일 산업계의 한 가지 특징은, 많은 중소기업들이 도심에서 몇 킬로미터 떨어진 교외에 있다는 점이다. 어쨌든 그 중소기업들은 정상적으로 운영되는데, 그것은 전적으로 독일의 효율적인 대중교통망 덕택이다.

독일의 도시들에서는 노면 전차, 버스, 기차, 지하철 같은 각종 대중교통 수단이 쓰인다. 교통망은 빠르고, 효율적이며, 무엇보다, 조직적이다. 이처럼 훌륭한 교통체계는 독일인의 질서의식에 바치는 헌사라고 평가할 수 있다. 독일 기차의 출발

• 도로 이용 감각 •

- 독일인들은 단속에 능하다. 그러므로 속도제한이 시행되는 도로에서는 속도 측정기가 작동하고 있다고 생각해야 한다.

- 대도시에서는 아침 일찍부터 교통량이 늘어나기 시작한다. 아침 7시부터 심각한 교통혼잡이 빚어질 것이므로 미리 대비하는 편이 좋다.

- 초중고등학교가 방학을 하면 주요 도시 주변에서는 교통체증이 벌어진다. 각오하기 바란다.

- 별도의 표시가 없는 한, 오른쪽에서 진입하는 차량에 우선권이 있다.

- 도회지에는 자전거 이용자들이 많다. 그들은 차량과 동등한 도로 이용 권리를 지닌 사람들이다. 대다수 도회지에는 자전거 도로가 차로와 나란히 뻗어 있다. 자동차가 자전거 도로를 넘어 우회전할 때는 자전거 운전자에게 우선권이 있다.

- 독일의 도회지와 도시에서 횡단보도 표시는 법적 강제성이 있는 정지선이 아니라 단순한 교통 지침이다. 보행자들을 배려해 횡단보도 앞에서 멈출 경우 뒤차는 멈추지 않을 가능성이 있다! 정지하기 전에 백미러를 확인하기 바란다.

- 독일 운전자들은 일반적으로 보행자들이 좁은 골목길을 건널 때 멈춘다.

- 독일의 여러 도시에서는 노면 전차나 시가 전차를 흔히 볼 수 있다. 정지한

노면 전차 뒤에 있는 운전자는 법적으로 승객들이 모두 내리고 인도로 향할 때까지 기다려야 한다. 괜히 추월하려 들지 말기 바란다.

- 옛 동독 지역에서는 신호등의 녹색 화살표가 눈에 띌 것이다(옛 서독 지역에서는 비교적 보기 힘들다). 그것은 빨간불일 때도 우회전할 수 있다는 신호이다. 녹색 화살표는 교통 흐름을 방해하지 않는 우회전에만 적용된다.
- 앞뒤 좌석에 타고 있는 모든 사람은 안전벨트를 매야 한다. 12세 미만의 어린이들은 특별한 안전벨트를 착용해야 한다.
- 고속도로에서 앞차를 향해 전조등을 깜빡이는 뒤차 운전자는 "안녕하세요?"라고 인사하는 것이 아니라, 얼른 비키라고 말하는 것이다!
- 독일인들은 교통법규와 도로표지를 숙지하고 있다(어려운 필기시험과 구술시험의 결과이다). 독일에 오래 머물 예정이라면 현지의 교통법규와 도로표지를 잘 알고 있어야 한다.

시간과 도착 시간을 보고 시계를 맞출 수 있다는 말은 흔한 농담이지만, 그 농담 이면에는 약속 시간에 늦는 것이 부주의하고 상대방에 대한 존중심이 없는 행동이라는 의미가 담겨 있다.

적발되거나 사고를 냈을 때

독일 경찰은 교통법규를 매우 엄격하게 집행한다. 독일의 교
통 범칙금은 액수가 크다. 사소한 주차 위반이나 대형 교통사
고 가릴 것 없이 교통법규가 엄격하게 적용된다. 자전거 도로
에 주차하거나 다른 차량의 통행을 방해하면 강제 견인 조치
를 당할 수도 있다. 이때 경찰은 운전자에게 어디서, 또 얼마를
내야 자기 자동차를 되찾을 수 있는지 알려줄 것이다.

   법적으로 외국 국적의 여행자는 운전할 때 여행증명서를

지참해야 하고, 사고가 날 때를 대비해 흰색 바탕에 빨간색 테두리가 그려진 삼각형 경고판을 트렁크에 넣고 다녀야 한다. 독일의 운전자들은 응급처치함도 자동차에 비치해둬야 하고, 기본 응급처치 과정도 통과해야 하며, 필요할 경우 응급처치를 실시해야 한다.

비교적 심각하지 않은 교통사고가 났을 때도, 경찰에게 알리는 편이 좋다. 상대 운전자의 자동차 등록번호, 성명, 주소, 그리고 가능하면 보험회사명을 기록해둬야 한다. 사고가 났을 때는 보통 운전자들끼리 상대방을 자동차등록증을 확인한다. 그리고 되도록 목격자들의 성명과 주소를 알아두는 것이 좋다.

속도위반이 적발되는 경우 범칙금을 현장에서 현금으로 내거나 은행계좌이체를 이용해 납부할 수 있다. 이때 경찰이 범칙금이 적힌 은행계좌이체 용지를 주는데, 운전자는 그 용지를 거래 은행에 가져가거나 보내면 된다.

음주운전

독일에서는 음주운전 관련 규정이 매우 깐깐하고, 단속도 엄격하게 실시한다. 무작위 음주측정은 흔히 볼 수 있는 광경이다. 법이 허용하는 혈중 알코올 농도는 0.05%(혈액 1L당 0.5g)이다. 맥주 한 잔을 마신 직후이면 이 정도에 이를 수 있다. 저녁 식사에 초대한 사람은 손님이 술을 마신 뒤 귀가할 때 운전대를 잡을까 싶어 걱정할 것이다.

자동차등록증과 운전면허증

자동차등록증과 운전면허증은 독일 연방자동차청KBA에서 발급한다. 관련 정보는 연방자동차청 지역 사무소에 문의하면 된다. 미국, 캐나다, 영국 출신들은 기존의 자국 면허증이나 국제면허증으로 독일에서 최대 1년까지 운전할 수 있다. 그러나 모든 외국 면허증에는 독일어 번역본이 함께 있어야 한다. 외국 면허증의 독일어 번역본은 독일자동차협회Allgemeiner Deutscher Automobil-Club의 지역 사무소에서 발급받을 수 있다.

6개월 이상 체류하게 되면 독일의 운전면허증이 필요할 것이다. 유럽연합 회원국들은 자국의 운전면허증을 독일의 운전면허증으로 쉽게 바꿔줄 수 있다. 미국의 일부 주들도 그렇게

할 수 있도록 독일과 상호협정을 맺고 있다. 하지만 이에 해당되지 않은 사람들은 파르슐레(운전학원)에 가야 하고 응급처치 과정도 수강해야 할 것이다.

운전면허증을 따려면 신청서, 거주허가증, 여권 사진 2장, 현재의 운전면허증과 번역본, 운전학원 수료증, 응급처치 과정 수료증, 그리고 시력검사 결과표까지 필요하다. 모든 서류는 경찰서에 제출해야 한다.

무단횡단

독일인들은 무단횡단을 하지 않는다. 심지어 횡단보도를 지나가는 차량이 없어도 그렇다. 독일인들은 파란불이 켜질 때까지 기다리곤 한다. 파란불이 아닌데 횡단보도를 건너면 다른 행인들에게 한소리를 듣거나 심지어 근무 중인 경찰에게 적발되어 범칙금을 낼 수도 있다.

독일에서 횡단보도는 강제적 규정이 아니라 교통 지침이다. 횡단보도로 건널 수 있는 권리를 주장하는 데 익숙한 외국인들은 독일의 횡단보도에서 놀라거나 당황할 수도 있다. 횡단보

도를 건너기 전에, 혹시 다가오는 차량이 있는지 잘 살펴봐야
한다.

기차

독일의 대중교통망은 광범위하다. 독일의 철도망은 도이체반
(독일철도회사)이 담당하고 있다. 이체에ICE는 주요 도시들 사이를
매시간 운행하는 고속철도이다. 예를 들어 산업박람회행 열차
처럼 비즈니스 전용 교통편인 기차들에는 1등석만 있다. 대개
의 경우 승차권은 역이 아니라 기차 안에서 검사하지만, 승객
들이 기차에 타기 전에 승차권을 승강장 천공기에 집어넣는
방식이 통용되는 역도 많다. 역에는 행선지, 출발 및 도착 시
간(예를 들면 19:30 같은 24시간제 표시방식을 따른다), 승강장 위치 등이
독일어로 게시되어 있다.

기차로 장거리 여행에 나설 때는 도이체반 로고가 붙어 있
는 여행사에 연락해 좌석을 예약해두면 좋다. 여행사 직원들
은 대체로 영어를 할 줄 알 것이다. 좌석을 예약한 승객이 타
기 전에 여러분이 내리는 경우를 제외하고는, 예약석(레제르피르

이체에 열차

트)에 앉지 말기 바란다.

기차로 여행을 자주 떠나는 사람은 요금 할인을 받고 금방 본전을 뽑을 수 있는, 방카르테 25나 방카르테 50(개인과 가족 단위로 이용할 수 있다)을 구입하는 편이 좋다. 교외철도를 이용할 때는 방카르테가 필수적이다. 방카르테 말고도 요금 할인을 받을 수 있는 방법은 많다. 쇠네스보헤넨트티케트(즐거운 주말 승차권)는 지방 노선을 무제한 이용할 수 있는 할인권이고, 구텐 아벤트(좋은 저녁)는 비수기 할인권이다.

꼭 알아둬야 할 2가지 승차권이 있는데, 반드시 독일 이외의 나라들에서 구입해야 한다. 하나는 최소 4일에서 최대 10

일까지 무제한으로 철도여행을 할 수 있는 저먼레일패스이고, 또 하나는 유럽의 17개 나라를 무제한 여행할 수 있는 유레일패스이다. 인근 여행사에 문의하기 바란다. 그리고 여행용 수하물을 택배로 보내주는 서비스도 알아두면 좋다. 이 서비스는 인근 기차역에 문의하기 바란다.

지역 교통

【 버스와 노면 전차 】

독일의 도회지에서는 대부분 버스나 노면 전차(스트라센반)가 운행되고, 둘 다 운행하는 도회지도 있다. 지역 버스 노선은 여러 마을을 철도망과 효과적으로 연결한다. 대도시에는 지하철(운터그룬트반)도 있다. 지하철 승차권은 발권기를 통해 구입한다. 안내문은 항상 독일어로 적혀 있고, 지하철 이용 방식을 이해하기 힘들 때가 가끔 있다. 이때는 행인들에게 도움을 구하면 된다.

버스 체계는 두 가지 유형이 있다. 하나는 독일철도회사가 운영하고, 다른 하나는 해당 도시가 운영한다. 전반적으로 철

베를린 지하철

도와 시가 전차의 시간표가 적절히 통합되어있다.

일부 버스 운전사들은 버스 안에서 요금을 받지만, 버스에 타기 전에 매표소나 담배 가게에서 승차권을 사야 하는 경우도 있다. 미리 구입한 승차권은 버스 안의 천공기에 집어넣으면 된다. 다들 그렇게 한다고 믿으며 버스를 이용한다. 그런데 검사원이 버스에 올라타 살펴본 결과 그렇게 하지 않은 승객이 적발되면 상당한 범칙금을 내야 할 것이다. 독일에는 심야버스가 운행되는 곳도 있지만, 그렇지 않은 곳에서는 첫차와 막차 시간을 확인해야 한다.

【택시】

빈 택시는 천장등에 표시된 대문자로 구별할 수 있다. 택시는 거리나 전용 승차장에서 직접 잡거나 택시 회사에 전화를 걸어 이용할 수 있다. 요금은 미터기에 표시되고, 팁은 줄 필요 없다. 종종 사업가들이 요금에 1유로나 2유로를 보태주기도 한다. 짐을 싣거나 애완견을 태우는 경우 약간의 추가 요금을 낼 수도 있다.

숙소

안심하기 바란다. 독일 어디를 가든, 소박할지 몰라도 호텔은 다들 깨끗하고 효율적이고 뜨거운 물도 잘 나올 것이다. 독일인들은 질과 효율성을 기대하는데, 대체로 그 기대는 빗나가지 않는다.

호텔은 5개 등급이나 5개 별로 구분된다. 각 호텔은 해당 등급에 따른 개수와 종류의 시설을 갖추고 있다. 가스트하우스(호텔)는 이용료가 꽤 비싸지만, 호텔 가르니(아침 식사와 침실을 제공하는 호텔)나 가스트호프(주점이 딸린 간이 숙박업소)는 비교적 적

바이에른주의 옛 마을인 호엔슈방가우 근처 호텔

당하다. 간단한 아침 식사를 주는 펜지온은 더 저렴하다. 이들 숙박업소는 흔히 가족이 운영하는데 무척 독특한 매력을 뿜 내는 곳도 있다. 'Zimmer Frei'라는 표시는 '방 있음'이라는 뜻 이다.

　유스호스텔과 민박집도 있고, 심지어 간이 부엌이 딸린 아 파트도 많다. 주요 기차역(반호프)에 있기 마련인 각 지역의 관 광안내소는 매우 유익할 것이다. 여행객에게 숙박시설 정보를 알려주고, 예약도 대행해준다. 중저가 여행을 원하는 사람들에 게 인기있는 서비스로는 숙박 공유 서비스를 제공하는 에어비

앤비가 있다(www.aribnb.com/s/Germany).

독일인들은 여행을 무척 좋아한다. 독일에는 2,000개 이상의 공식 야영지와 더불어 유럽 최대의 유스호스텔망이 있다. 이용수칙과 개장시간은 각기 다르다. 관련 정보는 독일관광청이나 독일캠핑클럽DCC에 문의하면 된다(https://camping-club.de/)이다. 유스호스텔은 독일유스호스텔협회DJH가 운영한다. 독일유스호스텔협회에 가입하려면 국제유스호스텔협회IYHA에 먼저 가입해야 한다. 독일유스호스텔협회는 시설과 사진, 여행 지침과 요금에 대한 상세한 설명을 담은 독일의 모든 호텔 목록을 발표한다(www.djh.de).

끝으로 오토바이 여행자들이 알아둘 점이 있다. 독일은 국제모터바이크호텔협회Motorbike Hotels International 회원국이다. 모터바이크호텔은 오토바이 여행자 전용 호텔이다. 지배인들과 직원들 역시 평소 오토바이를 즐겨 타는 사람들이다. 이 호텔을 처음 이용하는 손님들은 아홉 번 묵으면 열 번째는 요금을 내지 않아도 되는 '오토바이 운전자 우대권'을 받는다.

건강과 안전

독일은 세계에서 가장 발달한 의료시설을 자랑하는 나라 중 하나이다. 독일에는 국민건강보험(정부가 보조금을 지급한다)과 민간 보험제도가 있다. 여행객들은 독일로 떠나기 전에 여행자보험을 들어놓는 것이 좋다. 독일에서 병원을 가야 한다면, 여행자보험 콜센터를 통해 병원을 예약하면 된다. 현지의 의사와 약속을 잡아 일상적인 진료를 받을 수 있을 뿐 아니라 전문 클리닉과 병원 응급실도 이용할 수 있다.

약사들은 통증과 각종 증상을 완화하는 제품을 추천하는 데 필요한 풍부한 전문지식과 재량권을 갖고 있다. 약국에는 처방 없이 판매할 수 있는 제품도 있다. 약사들은 천연요법이나 동종요법 제제도 취급한다. 동종요법의 창시자인 사무엘 하네만은 독일인이다.

독일의 몇몇 주에서 통용되는 화재 신고, 범죄 신고, 구급차 호출 번호는 나머지 대다수 주들과 다르다. 대부분 범죄 신고는 110번, 화재 신고와 구급차 호출은 112번이지만, 인터넷에서 응급전화번호를 확인해두면 좋다.

독일은 강력 범죄가 드물다. 범죄 피해를 당하면 즉시 경찰에 신고하는 것이 좋다. 다른 나라들과 마찬가지로 독일에서도 상식적인 범죄예방수칙을 알아두면 좋다.

· 유익한 범죄예방수칙 ·

- 자동차 문을 꼭 잠가둔다. 독일에서는 도난 자동차 거래가 성행하고 있다.
- 공공장소에서 짐과 가방을 방치하지 않는다.
- 비싼 장신구와 사진기를 자랑삼아 내보이지 않는다.
- 돈과 지갑과 여권을 지퍼가 달린 가방에 넣은 뒤, 가방을 몸에 단단히 붙들어 매고 다닌다.
- 소매치기를 조심한다. 사육제나 축제처럼 인파로 붐비는 장소에서는 가방이나 지갑을 꼭꼭 숨긴다.
- 운전면허증과 여권을 복사한 뒤 원본과 따로 보관한다.

08

비즈니스 현황

모든 나라가 마찬가지지만 사업 활동에는 상당한 대인관계 기술과 예의상의 관례가 필요하다. 최근 들어서는 기존의 까다로운 몇 가지 사업 관례를 지키지 않는 독일인들이 늘어나는 추세다. 그래도 아직은 독일 특유의 사업 관행으로 인해, 외국인 사업가들이 잘 몰라서 불이익을 받기도 한다.

독일에서도 사업 활동에는 상당한 대인관계 기술과 예의상의 관례가 뒤따른다. 일의 처리 방식은 일의 종류만큼 중요하다. 기존의 까다로운 몇 가지 사업 관례를 지키기에는 '인생이 너무 짧다'라고 생각하는 독일인들이 점점 늘어나고 있지만, 외국인 사업가들(주로 미국인과 영국인)은 독일 특유의 사업 관행을 몰라 불이익을 받곤 한다.

영국인들처럼 독일인들도 흥정과 정보에 집중한다. 그리고 어느 정도 격식을 차리는 신중하고 계획적인 사업 방식에 초점을 맞춘다. 반면에 미국인들은 격식을 덜 따지고, 비교적 감정이 잘 드러나는 사업 방식을 추구한다.

4장에서는 독일인의 우호적인 태도와 접대 방식에 대해 알아봤다. 9장에서는 의사소통 방식을 살펴보겠다.

사무실 예절과 관례

앞서 언급했듯이 독일 사무실에서는 영어권 나라들 사무실보다 훨씬 더 격식을 따진다. 직원들은 상대방의 이름이 아니라 성을 부른다. 다른 직원의 개인사에 큰 관심이 없다. 반면에 사무실에서의 옷차림은 무척 자유롭다. 미국과 영국에서 찾아볼 수 있는 '자유 복장 금요일' 같은 특별한 관행은 없다. 대신 회의를 진행할 때와 손님을 응대할 때는 비교적 격식을 차리는 복장이 일반적이다.

독일의 비즈니스용 정장은 실용적이다. 잘 재단되고 질 좋은 제품이 선호된다. 관건은 조화로운 색깔과 양식과 형태이다. 독일에서 '비즈니스용 평상복'은 격의 없는 태도를 암시하는 것으로 해석될 수도 있다. 확신이 안 서면, 짙은 색깔의 정장이나 차분한 색상의 상의와 넥타이를 착용하기 바란다. 여성들의 경우, 첫 만남에서는 보수적인 느낌의 옷차림이 최선이다. 바지 정장이 대체로 무난하다.

• 양복 상의를 벗지 마라! •

남자들의 경우 독일인 관리자들을 상대로 회의를 하거나 워크숍을 진행할 때, 상대방보다 먼저 상의를 벗지 말기 바란다. 독일에서는 회의를 열 때 격식을 꽤 차리는 경향이 있다. 그러므로 상의를 벗는다는 것은 일이 끝났으니 편안한 태도를 취해도 된다는 표시로 여겨진다.

• 독일 특유의 비즈니스 문화 •

- 사무실 예절과 관례
- 경영 방식
- 리더십과 의사결정
- 발표 및 경청 방식

- 회의와 협상 방식
- 팀워크와 이견 조정
- 손님 응대 방식
- 의사소통 방식

독일의 전통적 분위기 남아 있는 사무실은 대체로 비밀 유지를 중시하고, 무척 조용할 것이다. 사람들은 개인적 자유를 보장받고 싶을 때나 함께 모여 회의를 진행할 때 사무실 문을 닫고 있을 것이다. 그런 사무실에 들어갈 때는 노크를 한 뒤 들어와도 좋다고 하면 들어가기 바란다. 미국인들이나 영국인들은 다른 사람의 사무실에 있는 사진과 기념품을 쳐다보면서 그 사람과의 대화와 원만한 관계에 보탬이 될 만한 실마리를 찾아내곤 할 것이다. 그런데 독일의 사무실에는 가족사진이나 개인적 기념품을 찾아보기 힘들다. "깨끗한 책상"이라는 표어는 하루 업무를 마감할 때 단 한 장의 서류도 남겨두지 않을 것이라는 의미다. 앞서 살펴봤듯이 독일인들은 오랫동안 함께 일하면서도 서로의 이름을 부르지 않고 동료들의 사생활에 대해 아는 바가 별로 없었다. 그런 일은 충분히 가능하다.

외국인 임원들이 놀라는 한 가지는 독일인 사업가들의 학력 수준이다. 독일인 최고경영자는 전공 분야의 박사 학위를 갖고 있을 가능성이 무척 높고, 기업 분위기가 더 보수적일수록 그 점을 인정받고 싶어할 것이다. 독일 상위 100대 기업 최고경영자들의 약 40%가 박사 학위 소지자로 추정된다. 예를 들어 박사 학위가 있는 최고경영자인 슈미트씨는 "Herr Doktor Schmidt(남자의 경우)"나 "Frau Doktor Schmidt(여자의 경우)"로 불릴 것이다. 그리고 박사 학위가 2개 있는 경우에는 "Herr Doktor Doktor Schmidt"나 "Frau Doktor Doktor Schmidt"로 불릴 것이다. 즉 박사 학위가 2개 있으니 두 번 불러줘야 한다.

아직 전통적인 분위기에서 벗어나지 못한 회사에서는 비서들과 직원들의 이름이 아니라 성을 불러주는 것이 중요하다. 발트라우트 슈미트Waltraud Schmidt라는 여자는 미국이나 영국에서와 달리 이름인 '발트라우트Waltraud'나 '발Val'이 아니라, 성에 존칭형 Frau를 붙여 "Frau Schmidt"로 부를 것이다. 미국인과 영국인이 격식을 잘 차리지 않는 점을 아는 일부 독일인 임원들은 미국인과 영국인의 이름을 부를 것이고 자신의 이름을 불러도 좋다고 하겠지만, 회의에서는 이름을 부르는 외국식에서 성을 부르는 독일식으로 넘어가는 '호칭 전환'에 돌입할 것이다. 외국인이 독일의 사무실에서 독일어를 쓰고 있는 경우에는 상대방이 편안하게 불러달라고 말할 때까지 딱딱한 2인칭 대명사 'Sie'를 쓰는 편이 좋다.

독일 사무실 직원들은 월요일부터 금요일까지, 오전 8시부터 오후 5시까지 근무하고, 대다수 직원들은 주당 40시간 근무제도를 따른다. 직원들은 주당 근무시간을 지키기 위해 금요일에 더 일찍 퇴근할 수도 있다. 사무실은 아침 7시쯤 문을 열고, 오후 5시에서 6시쯤에 문을 닫는다. 사내 전화 교환기는 오후 4시에 일찌감치 작동을 멈추는 경우가 많지만, 오후 4시가 넘어도 직통 번호로 사람들과 연락할 수 있다. 독일인들은 장시간 근무나 주말 근무를 권장하지 않고, 적절한 휴식 및 기분전환 시간을 중시한다는 점을 명심해야 한다. 노동조합은 휴식 시간 보장을 강력히 주장할 것이다.

독일 기업에서 휴가를 쓰게 되면 1년에 최소 4주이고 고위 임원들의 경우 최대 6주이다. 독일인 근로자들은 흔히 휴가를 한꺼번에 쓴다. 여기에 12일 내지 16일의 법정 공휴일(주별로 다르다)을 더하고, 또 넉넉히 보장받는 병가와 출산휴가와 육아휴직을 추가하면, 어떤 임원들은 직접 만나기보다 음성 메시지를 통해 접촉해야 할 때가 더 많을 것이다. 이처럼 임원들이 자주 자리를 비우는 데다 독일에서는 상급자의 권한을 하급자에 위임하는 경우가 흔치 않기 때문에 의사결정이나 질문에 대한 응답이 지체될 수 있다. 독일 기업의 휴가 기간은 5월, 6월, 7월, 8월에 집중된다.

독일 기업의 사무실에서는 대체로 초과 근무를 금기시한다. 정해진 시간에 일을 마치지 못하는 사람은 업무를 부주의하게 처리했다거나 직무설명서 자체가 잘못되었다는 평가를 받을 것이다. 일부 문화권의 기업들이 높이 평가하는 초과 근무와 '밤새워 마감 기한 지키기'를 독일에서는 찾아보기 힘들다.

사무공간에 대한 독일인의 태도는 미국인이나 영국인의 태도와 무척 다르다. 그 태도를 좌우하는 요인은 사생활 보장과 더 넓은 개인 공간에 대한 필요성이다. 따라서 독일인들이 일하는 사무실이나 그 안의 개인 공간을 침범하지 않는 것이 중요하다. 예컨대 고객을 더 가까이서 상대하기 위해 사무실 가구를 옮기는 행동은 독일인 관리자의 심기를 건드릴 수도 있다.

독일인들은 업무 관련 약속을 미리 정하고, 엄격하게 지킨다. 선호하는 약속 시간은 오전 11시부터 오후 1시 사이, 또 오후 3시부터 5시 사이이다. 많은 사람들이 일찍 퇴근하는 금요일 오후는 피하는 것이 낫다. 시간 엄수가 중요하다. 만날 때와 헤어질 때는 모든 관계자들과 일일이 악수를 하기 바란다. 독일인의 명함에는 소지자의 비즈니스 관련 정보뿐 아니라 학위 명칭도 적혀 있을 것이다. 본인의 직함을 독일어로 정확하게 번역하는 것이 필요하다. 독일에서는 지위를 따지고, 서로 동일한 지위의 사람들끼리 짝을 맞춰주는 것이 중요하기 때문이다.

새로운 사업 상대자와의 관계를 저울질할 때 독일 회사들은 소규모의 예비 거래부터 시작하는 경우가 많다. 그 거래가 성공하면 더 큰 규모의 계약을 추진할 것이다. 외국인 사업가들이 독일 회사와 관계를 맺으려고 할 때 저지를 법한 최악의 실수는, 그 소규모의 거래를 사소한 것으로 여기거나 굳이 시간과 노력을 들여 추진할 가치가 없는 것으로 치부하는 태도이다.

독일인들은 관계보다는 기능의 가치를 더 신뢰한다. 매력적이고 유쾌한 사업 상대자이기는 해도 그들은 계약서에 담긴 용어와 주의사항을 가장 중요하게 여긴다. 계약 조항은 '절대

바뀌지 않는 것'으로 간주된다. 이 점은 일정한 융통성을 높이 평가하는, 비교적 관계 지향적 문화권에 속한 기업에게는 문제가 될 수 있다.

경영 방식

독일 기업에서의 경영 방식은 무척 직접적이고 노골적이다. 결정권자라는 위치가 중요하고, 지시를 분명하게 내리고 받는 것, 지시한 대로 정확하게 일을 처리하는 것이 중요하다. 상상을 담은 해석이 아니라 이처럼 분명하고 정확하게 지시를 수행하는 태도는, 성공적인 경영의 핵심 요소이다. 이러한 태도 덕분에 독일인들은 융통성을 발휘하지 않으면서도 복잡한 프로젝트와 정보를 적절히 조정할 수 있다. 독일인들은 아주 잠시만 얘기를 나눠도 재빨리 핵심을 집어낼 것이다. 그들 앞에서 굳이 감정과 의사를 지나치게 드러낼 필요는 없다. 독일인들은 상대방의 미소를 그다지 높이 평가하지 않고, 절제된 신체언어를 선호한다. 그들은 사업 상대자의 미소를 틀에 박힌 가식적인 수법으로 여긴다. 무엇보다 사업상 만남에서는 농담을 자제하는 태도가 중요하다. 만남 이전과 이후의 농담은 무방하지만, 비즈니스는 진지한 것이다. 특히 영국식 농담에 담긴 비꼬기와 경박함은 비즈니스 목적의 만남에 전혀 어울리지 않는 것으로 여겨진다. 실제로 그런 농담을 던지면 적어도 부적절한 행동을 하는 사람, 최악의 경우에는 무례하고 믿을 만하지 못한 사람이라는 평판을 얻게 될 것이다.

미국 경영진과 뚜렷한 대조를 이루고, 영국 경영진과는 약간 대비되는 독일 경영진의 한 가지 특징은, 칭찬에 인색하다는 점이다. 독일인들은 '우수함은 기본이다'라고 생각한다. 업무를 처리한 대가로 칭찬을 기대하지 않는다. 독일인 경영자들은 직원들에 대한 칭찬을 생색내는 행동으로 여긴다. 미국과 영국의 회사에서 무척 중시되는 인사고과가 독일 회사에서는 훨씬 더 비공식적인 절차로 여겨진다. 인사고과는 아마 직속 상사가 아닌 더 높은 직급의 관리자가 비정기적으로 수행할 것이다. 탁월한 업무 성과에 따른 보상은 1일 휴가일 것이다. 그것은 상여금과 기타 상금을 줄 경우에 내야 하는 많은 세금을 피하기 위한 방편이다.

독일인 경영자들의 핵심 관심사는 이윤과 상품이나 서비스의 질이다. 쉽게 짐작할 수 있듯이 독일인들은 마감 기한을 지키려고 무척 애쓴다. 하지만 제품을 제시간에 인도하지 못하는 상황을 정당화할 수 있는 한 가지 이유는 불만족스러운 품질일 것이다.

그런데 질 좋은 상품과 서비스는 '미소를 담은 서비스'와 동의어가 아니다. 독일인 서비스 직원들과 제품 담당 책임자들은 무척 매력적이고 상냥한 사람들이겠지만, 그들은 효율성과 매력을 혼동하지는 않는다.

여성의 경영 참여

독일 여성들은 헌법에 따라 남성과 동등한 권리를 지닌다. 독일 사회에서 성별에 근거한 차별은 없다. 독일에는 임신한 근로자의 권리를 보호하고 직업훈련 및 교육훈련을 장려하는 법률이 있다.

15세부터 65세 사이 독일 여성의 60%가 가정 외부에서 일하지만, 여성의 30%만 전문직 종사자이고 경영에 참여하는 여성 비율은 그보다 훨씬 작다. 2016년에 제정된 법률에 의하면 기업 이사진의 30%는 여성이 차지해야 한다. 그런데 다른 나라들의 사정도 그렇지만, 4년이 흐른 지금도 유리 천장은 깨기 힘들고 훨씬 더 느리게 없어지는 것처럼 보인다.

독일 기업에서 일하는 외국인 여성 임원은, 내부에서의 자기 지위가 흔들리거나 책무가 불분명해지는 일이 없도록 유의해야 하고, 부하 직원들이 이 점을 명심하도록 하는 것이 중요하다. 명함에는 직책을 명시해야 한다. 외국 출신 여성 임원은 본인이 전문지식을 발휘하고 책임질 분야를 명확하고 간결하게 보여줄 수 있어야 한다.

여성의 옷차림에 대해 말하자면, 독일인들은 비즈니스 상황에서 보수적인 복장을 선호해도 옷차림을 균형감 있고 조화롭게 연출하는 데 무척 능하다는 점을 기억하는 것이 중요하다. 특히 초면에 노출이 심한 복장이나 화려한 장신구는 삼가기 바란다. 본인이 일하는 독일 회사에 대해 더 깊이 알아갈수록 알맞은 복장을 선택할 수 있게 될 것이다.

독일인 임원들, 특히 나이 많은 임원들은 무의식적으로 여자들에게 구식 예의(여자가 입장하면 자리에서 일어서기, 문을 대신 열어주기, 여자 왼쪽이나 모퉁이 가까운 곳에서 걷기, 담뱃불 붙여주기, 그리고 노인들이 있는 예외적 상황에서 여자 손에 입을 맞추며 인사하기 따위)를 차릴 것이다. 여자들에 대한 그런 친절한 예의는 정중하게 받아들이면 된다. 그렇게 하지 않으면 상대방이 난처해할 수 있다. 그래도 받아들이기 싫어서 거부할 때는, 본인의 입장을 차분하고 이성적으로 설명하는 태도가 중요하다.

독일의 여성 사업가들은 예를 들어 자기 식사비는 본인이 부담함으로써 괜히 남에게 신세를 진 듯한 기분을 느끼지 않으려고 한다. 독일 사회에서 '더치페이'는 아주 무난하고 널리 통용되는 방식이다.

리더십과 의사결정

독일 회사에서는 내부 서열이 뚜렷하다. 이것은 1880년대와 1900년대 초반에 진행된 독일의 늦은 산업혁명 유산이다. 당시 독일의 사회구조는 소수의 관리자들이 감독하는 아주 많은 수의 노동자들로 이뤄져 있었다. 게다가 아직 독일에는 소유자 겸 창업주와 그 가족이 강력히 통제하는 중소 규모의 가족기업이 많다.

독일 기업들은 아우프지히츠라트(감독위원회)와 포르슈탄트 (경영위원회)라는 2개의 이사회에 의해 통제된다. 포르슈탄트는 일상적 운영을 책임지고, 아우프지히츠라트는 주요 예산과 프로젝트 명세서를 승인하는 일을 담당한다.

베를린 포츠담 광장의 소니 센터

경영이나 회계 분야의 학위를 보유한 경우가 많은 미국과 영국의 관리자들과 달리, 독일 관리자들은 공학 전문가인 경우가 많다. 일반적으로 독일에서는 아직 대인관계 솜씨보다 기술적 자격이 더 높이 평가되고 있고, 경영학 석사 학위와 경영학 과정은 비교적 최근의 현상이다. 오늘날 독일 관리자들은 관련 분야의 학위를 갖고 있을 가능성이 더 높다. 독일 관리자들은 팀원의 과제와 목표 수준을 정한다. 그리고 해당 분야의 역할 모델이 될 것으로 기대된다.

독일 기업 경영 활동의 주요 특징은 엄격한 서열 관계에 바탕을 둔 보고체계이다. 독일인 관리자들은 영어권 관리자들보다 하향식 성향이 훨씬 더 강하다. 미국과 영국의 다국적 기업들에서 근무하는 독일인 관리자들은 누구에게 보고해야 할지 잘 몰라 당황하는 경우가 많다.

독일 기업에서는 위계질서가 명확하다. 따라서 업무와 관련한 보고를 할 때와 의사를 결정할 때, 기존의 보고체계를 건너뛰지 말아야 한다. 만약 직원이 직속 상사를 무시하고 최고 관리자에게 직접 보고하면 직속 상사는 불만을 품게 되고, 보고를 받은 최고 관리자는 난처해질 수 있다. 다른 회사와의 계약 협상에서는 평소 가장 긴밀하게 접촉해온 관리자의 지위를 존중해주고, 그 관리자의 양해가 없는 한 다른 관리자들과의 논의에 직접 나서지 않는 자세가 중요하다.

독일 사업가들은 의사를 결정할 때 여럿이 함께 숙고하고 의논하기를 좋아한다. 독일 회사들에서는 어떤 사안에 연관된 모든 관리자들이 함께 상세히 논의하는 것이 중요하다. 그 결과 가끔 의사결정이 미뤄지는 '분석 마비' 증상이 나타나기도 한다.

이렇듯 독일 회사들은 신속히 의사를 결정하는 능력이 부족하다. 그러므로 외국인 사업가로서는 자신이 제안한 프로젝트를 처리할 확실한 권한을 가진 관리자가 정확히 누구인지 알고 상대하는 것이 중요하다. 그렇게 하기까지는 시간이 걸리고, 종종 낭패를 겪기도 한다. 마지막 걸림돌은 독일 회사에서는 일단 내려진 결정을 변경할 수 없다는 사실이다. 따라서 일부 독일 회사들은 결정에 따른 문제가 발생해도 문제를 해결하기가 힘들 수 있다.

직장 평의회

독일 노사관계의 근본적인 특징은 직장 평의회(베트립스라트)이다. 직장 평의회는 근로자들에게 영향을 미치는 회사 방침의 모든 측면에 대한 협의권을 갖고 있다. 여기에는 채용 및 해고 방침, 근로시간, 휴무, 급료, 직무설명서 등이 포함된다. 직장 평의회에는 회사의 구조조정에 관한 협의권도 있다. 따라서 독일 기업의 모든 교섭자들은 직장 평의회를 일종의 배경소음처럼 인정하고, 주요 결정에 대한 직장 평의회 대의원들의 의견을 들어야 한다.

법적으로 비관리직 종업원이 5명 넘는 회사는 직장 평의회가 있어야 한다. 일반적으로 직장 평의회 대의원은 자원봉사직이지만, 비관리직 종업원이 300명 넘는 회사의 경우 최소한 1

명의 대의원은 상근직이다. 정부와 공공기관에도 직장 평의회가 있다.

직장 평의회 때문에 회사는 근로자들을 쉽게 해고하지 못한다. 또한 직장 평의회 덕분에 회사는 더 통합된 조직으로 거듭난다. 독일 회사의 근무환경은 다른 나라들에 비해 안정적인 편이고, 직원들의 애사심은 더 높다. 확실히 독일 근로자들은 화려한 이력을 보여주려고 2, 3년마다 직장을 바꾸는 미국이나 영국의 근로자들과 달리 한 직장에서 오래 근무하는 편이다.

독일에서는 노사대립이 극심해져도 직원을 쉽게 해고하지 못한다. 누군가를 해고할 예정이라도 그 절차는 신중하게 진행해야 한다. 사측은 직장 평의회와 협의해야 하고, 직장 평의회는 해고에 반대할 수 있고, 부당해고라며 특별노동법원에 탄원할 수 있다. 만약 법원이 해고 사유를 납득하지 못하면 복직을 요구하거나 부당해고에 따른 벌금을 부과할 수 있다. 경기침체 때문에 해고하는 경우에도 직장 평의회와 협의해야 하고, 해고수당에 관한 지침을 따라야 한다. 근로자에게 너무 유리한 제도가 아닌가 싶겠지만, 최대 6개월까지의 채용 유예기간도 있다는 점을 기억해두자.

발표 및 경청 방식

독일인들은 세부적인 사실과 상세한 내용을 담은 주도면밀한 발표에 적극적으로 반응한다. 그들은 배경정보와 내력에 관심이 많다. 그리고 관심을 끌려고 온갖 수단을 동원하는 시각자료에 대한 반응은 신통찮을 때가 있다. 독일인들은 독일에서 통용되는 사실을 외국에서도 널리 받아들이고 있다는 느낌을 좋아한다. 그러므로 되도록 참고사항과 증거를 발표 내용에 포함하는 것이 중요하다. 일부 외국인 발표자들은 발표 후에 쏟아지는 날카롭고 상세한 질문에 당황할 수 있다.

· 꼼꼼한 질의응답 ·

어느 회사 대표가 독일인들 앞에서 발표에 나섰다. 그는 발표 후에 날카로운 질문이 쏟아지고 진지한 토론이 이어지자 당황스러워하며 자기가 발표한 내용이 "갈가리 찢어졌습니다"라고 털어놓았다. 그러자 독일인 사장은 이렇게 말했다. "그 반대입니다. 내용이 마음에 들지 않았으면 참석자들은 그처럼 많은 질문을 쏟아내지 않았을 겁니다."

분명하고 자세한 내용을 담은 논리적이고 명쾌한 발표가 중요하다. 외국인 발표자가 대략적인 결론을 제시했을 때, 독일인들은 그 결론을 뒷받침할 근거가 있어야 하고 필요한 경우 근거를 제시할 수 있어야 한다고 생각할 것이다. 그들은 발표자가 인용한 참고자료, 활용한 사업모형, 제시한 자료 등에 대한 정확한 출전을 제시할 수 있어야 한다고 여길 것이다. 그리고 오타와 잘못된 표기는 부주의한 태도를 무심코 드러내는 실수이기 때문에 늘 발표문을 재확인해야 한다.

회의와 협상 방식

회의와 협상은 대다수 사업가들이 잘 알고 있는 원칙적 절차에 따라 진행된다. 의제, 행동 계획안, 향후 단계, 일정표 같은 요소들이 있을 것이다. 차이점은 아마 사람일 것이다. 독일인 사업가들은 해당 분야의 전문가들일 것이다. 그리고 자기가 상대하는 외국인 사업가도 해당 분야를 꿰뚫고 있다고 생각할 것이다. 그들은 "아, 나중에 다시 연락하겠습니다"라는 표현을 잘 쓰지 않는다. 독일인 사업가는 전문 분야에 대해서만 발언하려고 하고, 회의 도중에 비전문가가 던지는 질문을 긍정적으로 바라보지 않을 것이다.

최고위 임원들이 첫 회의에 참석하거나 회의에 잠시 들를 수도 있지만, 세부적인 협상은 중간급 관리자들이 진행할 것이다. 그러나 협상안은 최고 경영진이 승인할 것이고, 승인이 날 때까지 시간이 걸릴 것이다.

독일인도 협상에 철저히 대비한다. 자기 입장과 상대방의 입장을 꼼꼼히 검토할 것이고, 예상되는 상대방의 주장에 대한 반론을 준비할 것이다. 독일인은 상대방의 압력에도 불구하고 처음에 내놓은 제안을 끝까지 고수할 것이다.

미국과 영국의 사업가들은 흔히 '고저 가격' 협상전술을 구사한다. 이를테면 일단 높은 진입점에서 시작하고, 상황이 여의치 않을 때를 대비해 낮은 종료점을 미리 정해두는 것이다. 그들은 이익을 최적화하는 가격결정 전략에 부합한다는 이유로 그 전술을 정당화한다. 반면에 독일인들은 훨씬 더 현실적인 진입점을 선호하고, 더 좁은 범위를 대상으로 흥정에 나설 것이다. 그런 태도 이면의 근본적 이유는 '적정 가격'에 대한 독일인들의 믿음이다. 독일인들은 좁은 범위를 두고 치열하게 협상하는 편을 좋아한다. 따라서 외국인 사업가는 현실적인 기대를 품는 것이 중요하다.

독일인 협상가들의 최대 장점은, 모든 협상에서 상대방과의 공통분모를 모색한다는 사실이다. 일단 공통분모를 찾아내면 그것을 바탕으로 최종적인 거래가 성사될 것이다. 공통분모는 앞으로 진행될 모든 타협 과정의 발판이 될 것이다. 어떤 독일인 사업가가 "이것이 우리가 마지막으로 제시하는 가격입니다"라고 말할 때, 대체로 그것은 진심이다. 그렇게 말했는데도 더 밀어붙이면 그 사업가의 말을 믿지 못한다는 의미로 해석될 수 있고, 결국 거래가 성사되지 못할 것이다.

협상 과정에서 변호사를 쓰는 관행도 독일인의 심기를 건드린다. 독일에서는 구두 약속을 굳게 믿는 경향이 있고, 대부분의 협상은 계약서를 작성할 때까지 변호사 없이 진행된다. 독일인들은 협상이 시작될 때부터 변호사를 쓰는 미국식 관행을 못마땅하게 여길 수 있다.

팀워크와 이견 조정

팀워크에 대한 독일식 접근법과 영미식 접근법은 미묘하면서도 꽤 신경 쓰이는 차이점이 있다. 그 차이점은 특히 팀원 선발, 문제해결, 의사결정 등의 단계에서 두드러진다.

첫째, 독일인들은 전문 분야와 연공서열을 기준으로 팀원을 선발할 것이다. 미국인들과 영국인들도 전문 분야와 연공서열을 고려하겠지만, 임무를 잘 수행할 수 있는 사람을 중시해 선발한다. 그런 사람은 전문가도 선배도 아니지만 팀워크가 흔들려 생기는 갈등을 조정할 능력이 있을 수 있다.

또 다른 갈등의 원인은 논의 방식일 것이다. 이미 살펴봤듯이 독일인들은 문제의 본질을 이해하는 것을 중시하고, 문제의 본질에서 해법이 도출된다고 생각한다. 영미인들은 문제를 확인하고 논의를 통해 해법을 모색한다. 영어권 팀원들은 오랫동안 뿌리를 파고드는 독일식 논의에 실망할 수 있다. 하지만 그런 식으로 논의하지 않으면 독일인 팀원들은 불만을 느끼고 찝찝해할 것이다.

세 번째 문제는 프로젝트 계획과 과업 이해 단계에서 생긴다. 이때도 독일인들은 명확한 체계와 계획을 확보하려고 상세한 논의에 돌입하기를 바랄 것이고, 세부 정보를 교환할 것이다. 반면 미국인들은, 그리고 정도는 덜하지만 영국인들도, 이 단계를 과업을 완수하는 과정의 일환으로 바라볼 것이고, 곧장 실무로 넘어가려고 할 것이다. 독일인들은 그런 태도를 일단 쏘고 나중에 질문을 던지는 '카우보이 정신'으로 치부한다. 독일인의 관점에서 볼 때, 독일식 논의과정은 팀원들이 목표와 수단을 합의하고 훨씬 더 신속하게 실행하도록 유도하는 장점이 있다.

네 번째 문제는 각 팀원이 일에 착수할 때 생긴다. 이때 미국인과 영국인 팀원들은 여러 차례의 비공식적인 회의를 기대한다. 그러나 독일인 팀원들은 각자 일을 시작한다. 나름의 목표를 설정하고, 이미 합의된 과업을 검토하고 완수한다. 미국인들과 영국인들은 기본적으로 일을 수행하면서 배우려고 한다. 반면 독일인들은 합의된 계획을 바탕으로 업무를 팀원들의 역량에 맞게 미리 나누는 것을 가장 효율적인 방법으로 생각한다. 결과적으로 영어권 팀원들은 독일인 팀원들과의 일상적 접촉이 끊겼다고 느끼게 된다. 이런 상황은 독일인 팀원들이 세부 규칙, 기준, 규정, 프로젝트 절차 등을 둘러싼 회사의 관행을 고수하려는 태도 때문에 더 악화된다. 미국인과 영국인 팀원들은 그런 관행을 따를 준비를 하기는커녕 그런 것들이 있다는 사실조차 모를 수 있다.

독일인들은 서열과 회사 내부의 위계구조를 따르는 경향이 있을 것이다. 미국인과 영국인 팀원들은 그것을 '잠시 걷어내야 할' 장애물로 여긴다. 그들은 프로젝트 계획 회의에서 도출된 결정을 경우에 따라 논의를 거쳐 수정해야 할 지침으로 바라본다. 그러나 독일인 팀원들은 결정을 반드시 지켜야 할 것으로 여긴다.

영어권 팀원들은 '거창한' 회의라는 형식 밖에서 더 개인적으로 활동할 수 있는 기회를 팀워크를 통해 얻는다. 미국인들과 영국인들은 공식적인 업무환경 밖에서 문제를 논의하지 않으려는 독일인 팀원들의 태도에 불만을 느낀다. 반면 독일인들은 과업에 대해 상세한 대화를 나누며 협력관계를 맺으려고 하는 미국인들과 영국인들의 태도를 오해하고, 이미 합의된 해법이 있는데도 그들이 괜히 불필요한 질문을 던진다고 여긴다.

여기서 기억해야 할 중요한 사실은, 이처럼 딱딱한 구조와 경직된 태도가 재빨리 사라지고 있고, 젊은 직원들이 많이 근무하는 중소 규모의 여러 국제기업들에는 비교적 개인적이고 느긋한 분위기가 조성되어 있다는 점이다. 독일의 신세대들은 경영진에게 더 공개적으로 칭찬을 받고, 서로에게 편안한 호칭을 쓰고, 직장에서 개인적 인간관계를 맺고, 퇴근 후의 모임에도 함께 참석한다.

오늘날의 독일인 관리자들은 특히 다국적팀에 속한 여러 국적의 팀원들에게 필요한 사항이 무엇인지, 그들의 편의를 어떻게 채워줄지 고민한다. 본격적으로 일을 시작하기 전에 이 점을 고려하고, 중간에 문제가 생기면 시간을 두고 문제를 해결하는 팀장은 성공할 가능성이 높고, 그러지 못하는 팀장은 실패할 공산이 크다. 특히 인수합병 과정에서 그렇다. 유럽 최대의 경제력을 자랑하는 독일은 주로 정보통신, 화학, 교통, 운송 같은 분야에서 국제적 기업 인수합병을 주도하고 있다. 그러나 여러 건의 합병이 실패로 돌아간다. 분석가들은 실패 원인을 기업의 생산관리와 직장문화가 조화를 이루지 못해 불만, 의견충돌, 생산성 및 이윤 손실 등을 초래하다가 결별을 맞이한다는 사실에서 찾고 있다. 관리자들과 팀장들은 문화 차이를 파악하고 서로 다른 경영문화를 조율하는 방법을 찾아야 한다.

독일의 경제적 우위

독일은 유럽 제1의 경제 강국이고, 국내총생산 기준으로 세계 4위의 경제 대국이다(미국, 중국, 일본 다음이다). 독일의 산업은 경제운용의 모범으로 평가되고, 높은 생산성과 상대적 저임금 경제에 힘입어 2008년의 경제위기를 유럽의 대다수 나라들보다 더 무난하게 극복했다. 하지만 유럽의 다른 나라들처럼 독일도 압력을 받고 있을 것이라는 조짐이 보인다.

독일은 여전히 제조업 강국이고, 유럽에서 중국으로 수출을 가장 많이 하는 나라이다. 그러나 독일은 투자집약도가 낮으면서도 수익성이 훨씬 좋은 산업인 서비스업을 발전시켜야 할 필요성을 느끼고 있다. 그리고 독일의 유명한 교통 기반시설은 낡았고, 차츰 삐걱거리기 시작한다. 독일인들은 교통 기반시설에 대한 투자 및 개선작업의 필요성을 알고 있다. 노동시장의 측면을 살펴보면 독일은 노동인구 노후화 문제를 안고 있는데, 이 문제는 매우 느슨한 이민정책으로 일부분 보완하고 있다.

끝으로 유럽의 다른 나라들에서는 아직 견습제도가 졸업 후의 실업 문제를 해결할 수 있는 효과적인 방안으로 평가되지만, 독일의 경우 졸업예정자들이 대학 진학을 포기하는 대신 기술 및 공학 분야로 진출할 수 있도록 훈련시키는 견습제도가 젊은 세대 사이에서 인기를 잃기 시작하고 있다. 독일은 앞서 언급한 여러 문제를 인식하고 있고, 지금까지 그보다 더 힘든 난관도 이겨냈으며, 앞으로 다가올 역경도 극복할 수 있다고 확신한다.

유비무환

독일인은 무척 매력적인 사업 상대자이다. 그런데 이것은 독일인의 행동양식을 이해하고 있을 때만 적용되는 말이다. 믿음직한 현지의 대리인이 있으면 사업상 협상에서 양측의 의견을 조율하고, 원만한 분위기를 조성하는 데 보탬이 될 수 있다. 아울러 철저한 준비가 중요하다. 독일인들 앞에서 발표를 하거나 그들과 협상하는 경우를 대비해야 할뿐 아니라, 독일인의 사업방식도 미리 파악하고 있어야 한다.

09

의사소통

독일어는 독일과 오스트리아 전역, 스위스의 독일어 사용 지역, 이탈리아의 극북 지역 등지에서, 그리고 세계 도처의 소규모 고립 지역에서 쓰인다. 독일어는 더 이상 국제어가 아니지만, 19세기와 20세기 초반에는 계몽운동과 과학과 학문의 언어이자 자유주의적 가치를 담은 언어였다. 당시 독일의 연구자들, 사상가들, 철학자들은 세계를 이끌었다.

언어

독일은 영어교육 수준이 비교적 높다. "영어 할 줄 아세요?"라는 질문에 "조금 합니다"라고 대답하겠지만, 거의 모든 독일인들이 영어를 적절한 수준 이상으로 잘할 것이다. 그러나 독일에 거주하는 외국인들이 그다지 독일어를 쓰려고 애쓰지 않는다고 느껴서인지는 몰라도 독일인들은 외국인이 독일어로 "그뤼스 고트(바이에른주)"나 "구텐 모르겐", "구텐 탁", "구텐 아벤트(북부 지방)"라며 인사하기만 해도 평소보다 더 따뜻한 반응을 보일 것이다.

독일어는 독일과 오스트리아 전역, 스위스의 독일어 사용 지역, 이탈리아의 극북 지역(티롤) 등지, 그리고 세계 도처의 소규모 고립 지역에서 쓰인다. 독일어는 더 이상 국제어가 아니지만, 19세기와 20세기 초반에는 계몽운동과 과학과 학문의 언어이자 자유주의적 가치를 담은 언어였다. 당시 독일의 연구자들과 사상가들과 철학자들은 세계를 이끌었다. 1990년대까지 독일어는 러시아의 학교에서 가르치는 제1외국어였고, 최근에 영어로 대체될 때까지 러시아의 식당 메뉴판과 이중언어 문서에서 찾아볼 수 있었다.

1541년 루터 성경의 권두 삽화

비교적 오래된 독일어 서적들을 읽어보면 고딕체로 인쇄된 책들이 자주 눈에 띌 것이다. 고딕활자체는 한때 흔했지만, 지금은 로만체에 자리를 내주고 거의 사라졌다.

인도유럽어족의 한 지파인 독일어는 기원전 2000년경 서쪽으로 이동한 북부 아시아 부족들이 쓰던 언어들에서 비롯되었다. 독일어는 스칸디나비아어군, 네덜란드어, 영어 따위와 관계가 있다. 학자들은 룬 문자가 쓰인 비문에서 독일어 단어를 발견했다고 주장한 바 있지만, 기록에 최초로 등장한 독일어 문서는 서기 8세기의 성경이다. 성경을 독일어로 번역한 루터의 업적은 근대 고지독일어의 발전에 크게 공헌했다.

독일 학생들은 표준 고지독일어(호흐도이치)를 배우지만, 지역 방언이 몇 개 있다. 주요 방언으로는 프리슬란트와 북부 지방의 프리슬란트 제도에서 쓰이는 저지독일어(플라트도이치)와 스위스의 독일어 사용 지역에서 쓰이는 스위스독일어(슈바이처도이치)를 꼽을 수 있다. 각 방언은 강세와 어휘에 차이가 있고 문법도 조금 다르지만, 서로 이해할 수 있다.

의사소통 방식

독일인들은 명확한 음성 소통을 중시하고, 관계가 아닌 내용에 주안점을 둔다. 내용에도 초점을 맞추지만 관계도 점점 강조하는 미국인들과 영국인들에게, 독일인의 의사소통 방식은 너무 진지해 보일 수 있다. 그래도 국제적인 대중문화의 영향을 받으며 성장한 외국의 젊은이들과 독일 젊은이들은 기성세대보다 의사소통 방식상의 공통점이 훨씬 더 많다.

　독일인의 의사소통 방식에 영향을 미치는 또 다른 요인은 교육이다. 교양 있는 중산층 독일인들은 대상을 분명하게 파악하고, 사실에 근거하고, 상당한 분석력을 갖추도록 교육을 받는다. 따라서 그들은 사안을 진지하게 바라보게 되고, 심각한 사안은 복잡한 사안일 수 있다는 점을 받아들인다. 미국식과 영국식 의사소통은 직접성과 단순성을 목표로 삼는 반면 독일식 의사소통은 보통 정확하고 복잡하다. 그 결과 독일인들은 미국인들과 영국인들의 발언이 너무 단순하다고, 반대로 미국인들과 영국인들은 독일인들이 쓸데없이 말을 복잡하게 한다고 불평하는 경우가 많다.

독일인들은 객관성을 확보하려고 애쓴다. 정말 악착같이 객관성을 추구하는 경우도 있다. 진실에 도달하려고, 또 문제를 매우 세부적으로 검토하려고 애쓰다 보니 외국인들에게 갑갑하다는, 심지어 공격적이라는 인상을 줄 수 있다. 앞서 살펴봤듯이, 발표가 끝난 뒤 발표자는 정말 집요한 질문 공세를 각오해야 할지도 모른다. 내용에 초점을 맞추고 내용의 핵심 특징을 분석하려고 노력하다 보니 독일인들과의 토론은 다소 강압적인 느낌이 들 수 있다. 재차 강조하지만, 이때 독일인들은 화를 내는 것이 아니다. 열띤 토론 분위기에 취했을 뿐이다. 토론이 끝나면 평소의 의사소통 방식을 되찾을 것이다. 가끔 영어권 사람들은 독일인들이 개인적 분노를 드러낸 것으로 오해하고 놀라기도 한다. 개인적 감정 표현으로 받아들이지 말기 바란다.

이것은 문자를 이용한 의사소통, 특히 전자우편에도 적용되는 얘기이다. 독일인들은 의견을 당당하게 표현할 것이다. 심지

• 무례하리만큼 솔직하다 •

영국인 관리자가 독일인 동료에게 스위스 지점에 특별할인 혜택을 주면 어떻겠냐고 말했다. 그러자 독일인 동료는 권한 밖의 일이라며 안된다고 했다. 영국인 관리자는 당황스러웠다. 그는 무례하고 부당한 대접을 받는 것 같은 기분이 들었고, 이후 독일인 동료와 마주쳤을 때 쌀쌀맞게 대할 수밖에 없었다. 독일인 동료는 평소와 다름없는 태도를 보였고, 영국인 관리자의 컨디션이 좋지 않다고만 생각했다. 아마 독일인이 아니라 영국인이나 미국인 동료였다면 상대방의 제안을 훨씬 더 상냥하게 거절했을 가능성이 높다.

어 외국인 동료들의 주장을 반대하거나 반박할 때도 분명하게 의사를 밝힐 것이다. 그러고 나서 영국인이나 미국인 동료들이 보이는 냉담한 반응에 놀랄 것이다.

번역의 함정

독일인의 직접성은 언어 사용에 곧장 영향을 끼친다. 영어권 사람들은 보통 "would(…할 것이다)", "could(…할 수 있을 것이다)", "perhaps(아마)" 같은 단어를 쓰면서 의사소통의 직접성을 낮춘다. 보통 미국인들보다 영국인들이 더 그렇다. 반면에 독일인들은 의사소통의 직접성을 높이고, 외국인들이 악담이나 독설로 여길 법한 말을 한다. 독일인들은 심지어 영어를 쓸 때조차 "definitely(분명히)"나 "absolutely(절대로)" 같은 단어를 생각보다 자주 쓸 것이다.

게다가 독일들은 지시를 내리거나 요청을 할 때 에둘러 말하지 않는다. 독일 회사에서 근무하는 외국인 비서들은 사무실로 들어와 "캐롤, 안녕? 별일 없지? 그 파일 … 좀 주겠어? 고마워"라고 말하는 대신, "그 파일 좀 줘"라고 직접적으로 말하는 독일인 임원들 태도에 익숙해지기까지 시간이 걸릴 것이다. 독일인들은 지시를 내릴 때 불필요한 삽입구를 집어넣는 것을 시간 낭비로 여긴다.

영어권 사람들은 상대방이 불쾌하게 여길까 싶어 되도록 'must'와 'should'를 쓰지 않는 경향이 있다. 그런데 독일인들은 종종 이러한 점을 모른 채 'müssen(영어의 must와 흡사 - 옮긴이)'과 'sollen(영어의 should와 흡사 - 옮긴이)'을 곧장 영어로 옮겨버리고, 그 결과 본의 아니게 고압적인 인상을 풍기게 된다. 게다가 독일인들은 직접적인 반박도 서슴지 않는다. "네, 그렇지만…"이라는 뜻의 독일어 'doch'는 상대방의 말을 단호하게 반박할 때 자주 쓰인다. 반면에 영어를 모국으로 쓰는 사람들은 이견이나 반론을 내놓기 전에 "무슨 말인지 알겠지만…"이라는 식으로 말하면서 상대방의 견해를 인정하는 태도를 보일 것이다.

독일인과 의사소통할 때는 영어권 사람들이 보기에 무례하거나 무분별한 발언도 독일인과의 대화에서는 무방할 수 있다는 사실을 아는 것이 중요하다. 독일인의 말이나 글 때문에 기분이 나빠질 것 같으면 당장 화를 내기 전에 무슨 뜻인지 물어보기 바란다. 독일인이 보낸 전자우편이나 편지를 받고 짜증이 날 것 같으면 성을 내고 따지기 전에 전화를 걸어 진의를 물어 보기 바란다. 독일인들은 인간관계가 아니라 의사소통에 주안점을 두는 반면, 미국인들과 영국인들은 인간관계와 의사소통 모두를 중시한다는 점을 기억해두자.

진지함과 유머

독일인들의 재치와 기지는 날카롭고 무척 익살맞을 수 있다.

그러나 독일인들은 의사를 전달하기 위해 굳이 농담을 섞어야 한다고 생각하지 않는다. 오히려 사업이나 업무 목적으로 만난 자리에서의 농담을 분위기 저해 요소로 바라볼 수 있다. 초중 고등학교와 대학교에서 학생들은 되도록 객관성과 진지함을 갖추고 개인감정에 휘둘리지 않는 방법을 배운다. 그런 교육은 성인이 되어서도 이어진다. 독일인들은 사업이나 업무는 진지 하게 다뤄야 한다고 생각한다. 분위기를 띄우려고 농담을 던지 는 미국인의 습관이나, 어색한 순간을 넘기려고 유머를 활용 하는 영국인의 습관은 독일인 결정권자들에게 부정적 영향을 미칠 공산이 크다.

물론 같은 독일인이라도 구세대와 신세대가 농담이나 유머 를 바라보는 관점은 다를 수 있지만, 대다수 독일인은 회의 도 중이 아니라 회의 전후의 유머를 선호한다.

분석과 세부사항

독일인의 문제해결법은 일단 문제를 심도 있게 분석하는 것이 다. 영미식 문제해결법은 더 실용적이다. 영미인들은 가설을 세우고 해법을 찾아낸다. 물론 분석도 가설 수립과 해법 발견이라는 두 과정을 필요하지만, 독일인들은 훨씬 더 철저하고 세밀하게 분석하는 방법을 배운다. 직장은 학교의 연장선이다. 여기에 해당하는 독일어 단어가 바로 'vertiefen'이다. '깊이 들어가다'라는 뜻이다. 사실 이 단어에는 세상에는 간단한 대상이 없다는 믿음이 담겨 있다. 따라서 명확성을 확보할 때까지 대상을 지속적으로 분석하고 탐구해야 한다. 말을 명확하게 하고, 문제를 정확하게 파악하고, 사실에 입각하고, 과학적으로 접근해야 한다. 결과를 얻을 때까지 대상을 물고 늘어져야 한다. 진실을 파헤치려는 이러한 확고한 태도는 상대방에게 꽤 공격적인 느낌을 풍길 수 있다.

이 분석적 접근법은 비즈니스 방식일 뿐 아니라 생활방식이기도 하다. 독일인들은 당연히 정치, 철학, 인생관, 사회문제 등에 관한 얘기를 할 것이다. 명확성을 바랄 것이다. 깊이 생각하지 않거나 일관성 없게 처신하거나 주위의 기대를 저버리고 있다고 여겨지는 친구들을 나무랄 것이다. 친구가 잘못을 저질렀는데도 단순히 친구라는 이유로 넘어가는 대신 솔직하게 지적할 것이다.

독일인들은 미국인이나 영국인 관광객들과 정말 깊은 대화를 나누기 힘들 때 실망하는 경우가 가끔 있다. 그들은 화제를 계속 바꾸며 이어가는 얘기를 성의 없고 피상적인 대화로 여긴다. 공손하게 말하고 상대방의 기분을 상하지 않게 하려는 것을 교활한 태도로 여긴다. 외국인들의 눈에 독일인들은 완벽주의자나 엘리트로, 독일어권의 어느 심리학자 겸 철학자가 고안한 표현을 쓰자면, '꼼꼼쟁이'로 보인다. 상대방이 속한 문화를 이해하지 못하면 문화 간 오해가 빚어질 수밖에 없다.

명예

문화 간 문제는 또 있다. 독일 어른들이 어린이들에게 말조심하라고 가르치는 이유 중 하나는, 어떤 사람의 말이 그 사람의 명예를 좌우한다고 생각하기 때문이다. 독일인들은 본인의 말을 정해진 규칙에 따라 그대로 실천하는 태도를 중시한다. 명예와 객관성이라는 독일인 기준에서 볼 때, 더 좋은 직장을 얻으려고 능력을 과장하거나 성공 사례를 언급해 이력을 부풀리려는 생각은 용납될 수 없다. 독일인들은 여러 선택지를 저울질하는 태도를 그다지 명예롭게 여기지 않는다. 그들은 구두계약을 도덕적 구속력이 있는 것으로 바라본다. 독일인의 말은 사실상 굳은 약속이다.

명예로운 행동에는 약속을 지키는 자세가 수반된다. 이런 자세는 비즈니스 목적의 의사소통에서 중요하다. 협상에 나선 외국인들은 합의된 내용과 그렇지 않은 내용을 매우 분명하게 파악해야 한다. 미국인들과 영국인들이 혼잣말로 여긴 것을 독일인들이 약속으로 받아들이는 바람에 거래가 성사되지 못하는 일이 드물지 않다. 독일인들은 거래 상대자의 신뢰 부족을 용납하지 않을 것이다. 미국인들과 영국인들은 그저 선의의 표시로 "나중에 전화하겠습니다"라거나 "다음에 점심 먹읍시다"라는 말을 쓰곤 하지만, 독일인들은 그것을 약속으로 받아들이고, 실제로 나중에 연락이 없으면 기분 나빠할 것이다.

본인의 의사를 표시하는 명예로운 방식 중 하나는 되도록 명확하고 분명한 태도를 보이는 것이다. 그렇게 하려면 말을 할 때 개인적 감정을 배제한 객관성을 확보하려고 애써야 한다. 객관성을 가리키는 독일어는 'Sachlichkeit'이다. 객관성을 띠는 방법으로는 '누군가'라는 뜻의 3인칭 부정대명사인 man을 활용하기, 수동태 쓰기, 그리고 무엇보다 의도를 그대로 말로 표현하고 솔직하게 말하기 등을 꼽을 수 있다. 독일인들은 자기 의견이 반발에 부딪힐 때 개인적 차원에서 대응하는 사람들을 경계하고, '좋게 좋게 넘어가기' 같은 태도를 보이는 사람들을 의심한다. 그리고 상대방과의 공통점을 찾으려고 자신의 개인정보를 밝히는 미국인들의 습관에 놀라고, 그것을 품위가 없는 행동으로 여긴다.

대화

독일인들을 지루하고, 따분하고, 좀스러운 사람들로만 바라보지 않으려면 아늑하거나 유쾌한 분위기를 가리키는 독일어 단어인 'Gemütlichkeit'를 언급할 필요가 있겠다. 독일인들은 적절한 시간(대부분 퇴근 후)에 적절한 장소에서 음료나 음식을 먹으며 느긋하고 한가한 대화를 즐기는데, 이 간단한 대화를 운터할퉁이라고 부른다. 즐거운 대화인 운터할퉁은 앞서 살펴본 분석적 논의보다 한결 가벼운 분위기에서 이뤄진다. 집이나 작은 맥줏집이나 식당에서 나누는 이 대화는 심각하지 않고, 유머와 친밀감으로 가득하다. '진지한' 독일인들에게서 엿보이는 또 다른 모습이다.

신체언어

어떤 사회과학자들은 의사소통의 최대 80%가 비언어적 의사소통이라고 주장한다. 아마 그들은 독일인을 연구하지 않은 것 같다. 독일인은 조심스럽고 내성적인 편이고, 관심을 끌려고 하지 않는 경향이 있다. 독일인은 미국인과 영국인보다 표정을 통해 감정을 덜 드러내는 편이고, 주로 가족과 절친한 친구들에게만 미소를 보이곤 한다. 똑바른 자세를 선호한다. 독일 어린이들은 아직도 똑바로 앉기 교육을 받는다. 독일에서 느긋한 자세는 바람직하게 여겨지지 않지만, 젊은이들은 흔히 느긋한 자세를 취한다.

독일에서는 사방팔방으로 움직이는 모든 것과 악수를 나눈다는 오래된 농담의 진짜 의미는, 사람들을 만날 때와 사람들과 헤어질 때 항상 악수를 해야 한다는 것이다. 독일에서 쓰이는 신체언어 표현력은 미국 일부 지역보다 약하지만, 영국에서 쓰이는 신체언어와는 비슷한 수준이다. 독일을 방문한 관광객이나 독일인을 상대로 협상에 나선 외국인 사업가는 본인의 신체언어를 주변 상황에 맞춰 조절할 필요가 있을 것이다. 모든 나라들과 마찬가지로 독일의 신체언어에도 개성이 있다.

• 독일식 제스처 몇 가지 •

- 행운을 비는 의미로 두 손가락을 겹쳐 십자가 모양을 만들어 보이는 영미권 제스처에 해당하는 독일식 제스처는 엄지손가락을 감춘 채 주먹을 쥐는 것이다. "당신을 위해 엄지손가락을 말아쥐겠습니다"라는 독일인의 말은 "행운을 빕니다"라는 뜻이다.

- 독일인들은 자기 머리 옆부분을 집게손가락으로 가볍게 두드리며 상대방을 바라본다. "제정신이세요?"라는 뜻이다.

- 괜히 돈을 더 쓰게 되는 상황을 초래할 수 있는 한 가지 실수는, 술집에서 맥주 한 병을 주문하려고 집게손가락을 들어 보이는 행동이다. 그러면 두 병이 나올 수도 있다. 독일인들은 집게손가락이 아니라 엄지손가락부터 숫자를 세기 시작한다.

- 회의 자리에서 발표를 마치고 나면 박수 소리 대신에 독일인 참석자들이 감사의 표시로 탁자를 주먹으로 세게 두드리는 소리가 들릴 것이다. 외국인들이 제일 놀라워하는 상황이다.

- 집게손가락과 가운뎃손가락 사이에 엄지손가락을 집어넣어 주먹을 쥐며 인상을 쓰는 어린이들과 청소년들이 가끔 있다. 저속한 제스처이므로 유의하기 바란다.

연락

지속적으로 의사소통하려면 일단 연락을 해야 한다. 특히 비즈니스 목적의 연락 관행에는 독일 고유의 문화가 반영되어 있다. 먼저 소개장이나 최소한 전자우편을 보낸 다음에 직접 전화를 거는 것이 올바른 처신으로 통한다. 무턱대고 전화부터 걸면 곤란하다. 얼마 전까지만 해도 팩스나 전자우편을 보낸 뒤 그 내용을 출력한 인쇄물을 우편으로 보내곤 했지만, 요즘 들어 많은 독일인들은 그렇게까지 하지는 않는다. 하지만 상대방의 기대치를 미리 확인할 수 있으면 하는 것이 좋다. 입사지원서는 대체로 자필이 아니라 타자로 작성하고, 입사지원서에는 일반적으로 사진도 필요하다.

전화

독일의 국가 번호는 49번이고, 각 지역에 할당된 지역 번호도 있다. 4대 도시의 지역 번호는 다음과 같다.

베를린		(0) 30
함부르크		(0) 40
프랑크푸르트		(0) 69
뮌헨		(0) 89

독일 국내에서는 0을 누른 뒤 지역 번호를 누른다. 해외에서는 국가 번호인 49를 누른 뒤 0을 빼고 지역 번호를 누른다. 해외로 전화를 걸 때는 보통 00을 누른 다음 해당 국가 번호를 누른다.

독일 국내 전화번호 안내 서비스 번호는 11833이고, 국제 전화번호 안내 서비스 번호는 11834이다. 인터넷에서도 국제 전화번호를 찾아볼 수 있다(www.192.com | http://www.dastelefonbuch. de/english.html). 주소별 전화번호부(페른슈프레허부흐)나 업종별 전화번호부(겔베자이텐)도 이용할 수 있다. 업종별 전화번호부 인터 넷판(http://www.gelbeseiten.de/yp/quick.yp)에는 독일어로 작성된 정보가 실려 있지만, 구글 번역 기능을 사용하면 정보를 열람할 수 있을 것이다.

독일의 전화체계는 전화망을 관리하는 텔레콤이 운영한다. 독일에도 아르코르(먼저 01070을 누른 뒤 원하는 번호를 누른다), 텔델 팩스(01030을 먼저 눌러야 한다), 비아텔(01079를 먼저 눌러야 한다) 같은 요금이 더 저렴한 전화회사들이 있다. 이들 전화회사의 서비스를 이용하려면 할당 번호를 먼저 누르고 원하는 번호를 눌러야 한다.

휴대전화와 개인용 컴퓨터를 통해 연락을 주고받는 사람들이 점점 늘어나고 있다. 그런 사람들은 기존의 전화체계를 무시한다. 하지만 우체국을 통해서도 국제전화를 이용할 수 있다. 우체국에 가서 'Auslandsgespräch(국제전화)'라는 표시가 있는 창구에 문의하기 바란다. 국제전화카드나 신용카드를 이용해 공중전화로 국제전화를 거는 방법도 있다. 이제 인터넷으로도 국제전화를 더 많이 이용할 수 있을 것이다. 호텔 객실이나 호텔 식당에서 전화를 걸 때는 주의하기 바란다. 아주 많은 할증요금이 부과되기 때문이다. 숙박료보다 전화 요금이 더 많이 나올 수도 있다.

전화를 받을 때 독일인은 통상적으로 본인의 성만 말할 것이다. 전화를 건 사람도 신분을 밝혀야 한다. 예를 들어 성이 배리인 외국인이라면 "Hier spricht Barry('배리입니다'라는 뜻)"라고 말해야 한다. 밤에 전화를 걸 때 상대방이 아직 깨어 있는지 어떻게 알 수 있을까? 상대방의 수면 습관을 잘 모르면 밤 10시 이후에는 전화를 걸지 말아야 한다.

우편

독일에서는 아직 '일반 우편'이 중요한 역할을 한다. 우편회사 도이체포스트의 상징인 검은색 우편마차 나팔이 보이는 노란색 우체통이 곳곳에 서 있을 것이고, 산길에서는 노란색 승합차가 산골 마을로 소포를 배달하려고 요란한 소리를 내며 지나갈 것이다. 우체국은 월요일부터 금요일까지, 오전 8시부터 오후 6시까지 영업하고, 토요일에는 오전 8시부터 정오까지 문을 연다. 기차역과 공항에 있는 우체국은 그보다 더 오랫동안 영업하고, 심지어 일요일에도 문을 열 수 있다. 쉽게 짐작할 수 있듯이 독일의 우편제도는 효율적이고, 안전하고, 믿음직하다. 오전 9시 이전에 비교적 큰 우체국에서 부친 편지는 이튿날에 배달될 것이다. 우편 배달은 대체로 하루 한 번 이뤄진다. 우표는 우체국에서 사거나 우체국 밖의 판매기(거스름돈은 우표로 지급된다)나 신문판매점을 이용해 구입하면 된다.

우체국에는 우편 봉투와 소포 포장지가 있다. 우체국은 수입을 늘리고자 그 밖의 다양한 품목(복권, 공연 관람권, 극장표, 우체국과 연관된 장난감과 수집품)을 취급하고, 꽃과 선물을 배달해주는 서비스를 비롯한 각종 서비스도 제공한다. 고객들은 우체

튀링겐주 온천 도시 바트리벤슈타인의 옛 우체국

국을 통해 공공요금을 납부하고, 우체국 당좌예금 계좌를 개
설해 이용하고, 송금을 하는 등 은행과 연관된 여러 가지 서비
스를 이용할 수 있다. 우체국은 우편물 수집 서비스도 해줄 수
있다. 독일 우편 서비스에 관한 더 상세한 정보는 도이체포스
트 홈페이지(www.deutschepost.de)에서 찾아볼 수 있다.

첨단기술

룩셈부르크, 스위스, 에스토니아 같은 소국들이 스마트도시와 스마트정부를 향해 더 빨리 달려가고 있다. 하지만 수많은 공대 졸업생들과 박사 학위를 소지한 최고경영자들의 활약에 힘입어 독일은 유럽에서 가장 기술에 정통한 나라 중 하나가 되었다.

미국과 영국의 밀레니얼 세대처럼 독일 젊은이들도 컴퓨터 게임에 푹 빠져 있고, 정보기술과 소셜미디어에 열광하고 있다. 그들은 왓츠앱, 스냅챗, 인스타그램 등으로 시간을 보낸다. 틱톡은 Z세대에게 인기가 높다. 영화를 보거나 음악을 들을 때 독일의 10대 청소년들은 대부분 넷플릭스와 스포티파이 같은 스트리밍 및 미디어 서비스 제공업체들을 이용한다. 물론 기술에 중독되다시피 하고 있지만, 독일 젊은이들의 가치관은 앞선 X세대와 다르다. 그들은 안전과 안정을 우선시한다. 언론 보도에 따르면 일부 젊은이들은 20대에 이미 가정을 꾸린다고 한다.

결론

어느 유럽 문화 전문가는 이렇게 말했다. "당신에게 놀라움을 선사하고, 당신의 분노를 유발하는 무언가, 전혀 터무니없는 무언가를 봤다면 그것은 아마 문화적 특성일지 모른다." 그는 가장 큰 문화적 차이를 보여주는 사람들이 바로 우리와 가장 닮은 사람들일지 모른다고 덧붙이기도 했다. 백인계 미국인과 영국인과 북유럽인의 관점에서 보면 독일인은 '우리와 닮은' 사람들이다. 따라서 독일인이 '말을 번지르르하게 잘하'니까 '실천도 잘할 것'이라고 예단하지 않도록 유의해야 한다. 독일인의 부적절한 듯한 언행에 불쾌감을 느낄 경우에는 우선 숨을 돌리고, 즉각적인 대응은 삼가야 한다. 상대방에게 왜 그렇게 말했는지, 왜 그렇게 행동했는지 물어보면 열에 아홉은 전혀 악의 없는 언행이었을 것이다. 문화인식을 갖추고 있으면 상대방의 낯선 태도에 어리둥절해 하는 상황을 예방할 수 있다. 보고, 듣고, 느끼고, 말하는 것이 이 문화적 다양성과 창의성과 역동성을 자랑하는 나라의 국민들과 좋은 관계를 맺고 이어나갈 수 있는 방법이다.

참고문헌

다음 목록은 독일의 다양한 측면에 대한 참고문헌입니다.

Beattie, Andrew, Jeroen van Marle, et al. *The Rough Guide to Germany*. London: Rough Guides, 2018.

Craig, Gordon A. *The Germans*. London: Penguin, 1991.

Dawes, Nick. *Living and Working in Germany*. London: Survival Books, 2000.

Fulbrook, Mary. *A Concise History of Germany*. Cambridge: CUP, 1991.

Green, Stephen. *Reluctant Meister: How Germany's Past is Shaping its European Future*. London: Haus Publishing, 2014.

Hawes, James. *The Shortest History of Germany*. Devon: Old Street Publishing, 2017.

Jones, Alun. *The New Germany: A Human Geography*. Chichester: John Wiley & Sons, 1994.

Kornelius, Stefan. *Angela Merkel, The Chancellor and her World*. London: Alma Books, 2013.

Macgregor, Neil. *Memories of a Nation*. London: Allen Lane Penguin Books, 2014.

Nees, Greg. *Germany*. Yarmouth, Maine: Intercultural Press, 2000.

Phillips, Jennifer. *In the Know in Germany*. New York: Living Language, 2001.

Oltermann, Philip. *Keeping up with the Germans*. London: Faber and Faber, 2013.

Schulte-Peevers, Andrea, et al. *Lonely Planet: Germany*. Melbourne/Oakland/London,/Paris: Lonely Planet Publications, 2019.

Winder, Simon. *Germania*. London: Picador Press, 2010.

German. A Complete Course. New York: Living Language, 2011.

지은이

배리 토말린

배리 토말린(Barry Tomalin)은 국제 커뮤니케이션과 국제 문화를 전문적으로 연구하는 영국의 작가 겸 교원이다. 뮌헨, 베를린, 함부르크, 영국 등지의 독일 회사에서 일해왔다. 런던대학교 동양·아프리카대학에서 인류학과 언어학 문학사(명예학위)를, 웨스트민스터대학교 국제교섭소통학 문학 석사 학위를 받았다.

   문화와 문화교육 관련 저서를 여러 권 썼고, 현재 런던대학교 버크벡칼리지와 글래스고칼레도니안대학교 런던 캠퍼스에서 가르치고 있다. 런던국제어학원 비즈니스문화교육자인증센터(BCTC)의 설립자 겸 관리자, 국제학술지 〈교육, 언어, 문화〉의 공동편집인, 유럽 크리켓 평의회 언어분과 이사이기도 하다.

옮긴이

박수철

고려대학교 서양사학과를 졸업하였으며, 현재 번역 에이전시 엔터스코리아에서 출판기획 및 전문 번역가로 활동하고 있다. 주요 역서로는 『메트로폴리스: 인간의 가장 위대한 발명품, 도시의 역사로 보는 인류문명사』, 『다시 보는 5만 년의 역사 인류의 문화, 충돌, 연계의 빅 히스토리』, 『맥락으로 읽는 새로운 한국사』, 『역사를 바꾼 위대한 장군들』 등이 있다.

세계 문화 여행
시리즈